生命安全与健康教育知识

丁　岚　杨先梅　贾　蕾／编著

沈阳出版发行集团
沈阳出版社

图书在版编目（CIP）数据

生命安全与健康教育知识：高中版 / 丁岚，杨先梅，贾蕾编著 . -- 沈阳：沈阳出版社，2023.2

ISBN 978-7-5716-3078-2

Ⅰ . ①生… Ⅱ . ①丁… ②杨… ③贾… Ⅲ . ①安全教育 – 高中 – 教材②健康教育 – 高中 – 教材 Ⅳ .
① G634.201 ② G637.9

中国国家版本馆 CIP 数据核字（2023）第 025294 号

出版发行： 沈阳出版发行集团 | 沈阳出版社
（地址：沈阳市沈河区南翰林路 10 号　邮编：110011）
网　　址： http://www.sycbs.com
印　　刷： 艺通印刷（天津）有限公司
幅面尺寸： 170mm × 240mm
印　　张： 10.5
字　　数： 125 千字
出版时间： 2023 年 3 月第 1 版
印刷时间： 2023 年 3 月第 1 次印刷
责任编辑： 王玉位　马　驰
封面设计： 何洁薇
版式设计： 睿众文合
责任校对： 荣英涵
责任监印： 杨　旭

书　　号： ISBN 978-7-5716-3078-2
定　　价： 34.80 元

联系电话： 024-24112447
E - mail: sy24112447@163.com

本书若有印装质量问题，影响阅读，请与出版社联系调换。

序言

　　生命安全与健康是人类生存、发展的基本需求和永恒追求。生命权、身体权和健康权是每一位公民的基本权利。对学生进行生命安全与健康教育，有助于他们树立正确的生命观、健康观和安全观，有助于他们养成健康、文明的行为习惯和生活方式，有助于他们自觉采纳健康理念和保持健康行为。

　　以习近平同志为核心的党中央，近年来一直高度重视维护人民的健康和生命财产安全。2016 年 8 月 19 日至 20 日，全国卫生与健康大会在北京召开，大会上确立了新时代卫生与健康工作方针，印发了《"健康中国 2030"规划纲要》，向全民发出了建设健康中国的号召。

　　2021 年 11 月 2 日，为贯彻习近平总书记关于教育、卫生与健康的重要论述，落实《"健康中国 2030"规划纲要》，充分发挥中小学课程教材在生命安全与健康教育中的重要作用，教育部印发了《生命安全与健康教育进中小学课程教材指南》（以下简称《指南》）。

　　《指南》将生命安全与健康教育的内容划分为 5 个领域 30 个核心要点，从多个方面对生命安全与健康教育的内容进行了介绍。为了更好地向高中生普及生命安全和身心健康知识，我们编写了这本《生命安全与健康教育知识（高中版）》。希望这本书能够让高中生对生命安全和健康有更深入的认识，更加珍爱自己的生命，并学会用科学的方法维护健康。

　　很多疾病都是不良的日常行为和生活方式导致的，因此，同学们要了解日常行为和生活方式对健康的影响，要正确理解健康信息，自觉养成良好的生活习惯，形成健康的生活方式。

保证良好的生长发育和青春期的身心健康，是预防成年期疾病的关键。书中介绍了人类生长发育的过程和青春期的身心发展规律，同学们可以学习到生长发育和青春期保健的知识与技能，科学地调整自身的行为方式和生活习惯，减少健康风险行为及其危害。

心理健康是家庭幸福的前提。因此，书中介绍了一些基础的心理健康知识，希望大家学习这部分内容后，可以保持积极的心理状态，提高主动寻求帮助的意识，了解并掌握常见心理问题的解决方法，增强社会适应能力。

传染病不仅会危害我们个人的身体健康，而且一旦大面积暴发，还会引发突发公共卫生事件。书中介绍了一些基础的传染病防控知识和技能，并介绍了我国公共卫生体系及突发公共卫生事件应对机制。希望大家阅读这些内容后，可以更好地树立公共卫生意识，提高传染病预防能力，积极配合政府的防疫工作。

现实生活中存在各种各样的安全风险，影响着我们的身心健康，甚至威胁着我们的生命安全。因此，我们在最后一章为同学们介绍了应急和安全知识，可以帮助大家掌握常用的应急常识和急救技能，提高安全防护意识，增强网络安全意识。

生命安全与健康跟每一个人都密切相关，这既是我们最基本的人身权利，也是我们人生追求的永恒目标。希望这本知识读本可以帮助高中生群体更好地了解健康、了解生命，更好地度过生命中的每一天。

编　者
2023 年 1 月

目　录

第一章　健康行为与生活方式

第二章　生长发育与青春期保健

第三章　心理健康

第四章　传染病预防与突发公共卫生事件应对

第五章　安全应急与避险

第一章
健康行为与生活方式

第一节　提高健康决策能力

　　生命安全与健康是人类生存、发展的基本需求和永恒追求,生命权、身体权和健康权是每一位公民的基本权利。健康的身心是我们人一生中最重要的财富,也是我们进行正常学习、生活、工作等的重要前提。

　　作为高中生,我们需要了解健康的概念,并在此基础上,学习健康与疾病的基本知识,能分析、评估影响健康的因素,养成健康的生活方式。

　　身体健康指的是身体发育良好并且具有较强的免疫力,一方面指身体拥有较强的活动和劳动能力;另一方面指身体能够抵御一些生理刺激和致病因素带来的副作用。

　　我们的身体由运动系统、神经系统、内分泌系统、循环系统、呼吸系统、消化系统、泌尿系统、生殖系统组成。身体的某个系统或器官受到外界致病因素的影响,我们就会陷入疾病之中。

　　很多人认为“无病即健康”,其实健康不仅包括身体健康,还包括心理健康和道德健康。身体健康和心理健康是相辅相成的,心理状态是影响身体健康的首要因素。除此之外,我们的身体健康还受到父母遗传、社会环境、生活习惯等因素的影响。

在影响健康的这些因素中，生活习惯的好坏直接影响一个人的身心健康，熬夜、酗酒等不良的生活习惯都会对我们的健康产生负面的影响。因此，为了预防疾病，我们一定要养成健康的生活方式，做到合理膳食、饮食有节，并且要养成良好的作息习惯，平时坚持科学的运动。

高中生除了要掌握基础的健康知识之外，还需要提高健康决策的能力，合理规划和调整自己的健康计划。

一、渴望健康的动机会影响人的行为

人的动机会影响人的行为。比如，运动员平时不断地进行训练，是为了在体育比赛中获得更好的成绩，运动爱好者为了达成健身的目标进行持续性的体育锻炼等。

有渴望身体健康的动机，是影响一个人健康行为的决定性因素。动机是指用一定方式引起并维持人的行为的内部唤醒状态，也就是人追求某种目标的主观愿望，或是追求某种预期目的的自觉意识。动机对健康行为的作用分为四个阶段：产生健康愿望、制定计划、采取行动和坚持行动。当有了获取健康的目标时，我们便会计划通过运动来实现目标，而后便会开始锻炼，并持续坚持锻炼，直至最终实现健康目标，这便是一个完整的健康动机实现过程。

当获取健康成为我们的动机时，我们便有了制定计划的动机，进而又有了开始行动的动机和坚持行动的动机，最终便能一步步实现健康的目标，这便是动机理论下健康影响行为的合理性。

二、合理规划和调整健康计划

当我们有了渴望健康的动机后，还要能合理制定计划，并调整健康计划。如果觉得自己通过运动很难实现健康目标，那不妨采取一些

其他行为方式，比如先从走路上下学、少吃油炸食品做起，而后再慢慢增加体育锻炼的强度。从简单行为做起，能够帮助我们更好地实现最终目标。

制定好的健康计划并不是一成不变的，要根据计划实行的进度和效果，及时对其进行调整，这样才能让健康计划发挥出更好的效果。需要注意的是，频繁更改健康计划会对健康目标的实现造成不良影响，所以在调整健康计划时，我们一定要从自身实际出发，反复确认更改健康计划的理由是否充分、妥当，更改后的健康计划是否科学、合理，而后再着手确定新的健康计划。

正确认识健康是维持身心健康的前提条件，我们都应该主动学习健康相关知识，建立正确的健康观念，为终身健康奠定坚实的基础。

第二节　个人卫生与保健

　　个人卫生与保健，与我们的健康息息相关。过去受限于生活水平，人们缺乏个人卫生和保健意识，经常有人因为细菌、病毒感染或某些不良习惯患上各种疾病。现在我们的生活水平有了很大的提高，应该学习更多健康知识，提高个人卫生和保健意识。

　　高中生应在培养良好个人卫生习惯的基础上，了解吸烟、饮酒、吸毒对身体的危害。吸烟、饮酒、吸毒等都是对身体有害的不良嗜好，烟草中的尼古丁不仅会让人染上烟瘾，还有着极高的致癌风险；酒精会给身体带来伤害，对于生长发育和健康有着很大的危害，过度饮酒对肝脏和胰脏损伤极大，严重的还会引发肝功能衰竭；毒品对我们的身体和心理有很大危害，其对于大脑神经极具破坏性，一旦染上毒瘾后，会出现记忆力衰退、行动迟缓、情绪易怒等症状，严重的还将危及生命安全。

　　我们要营造无烟环境，远离烟草、酒精和毒品等，了解酗酒、吸烟对公共安全的危害，了解禁毒（毒品）的相关知识，了解无偿献血。

一、营造无烟环境

　　烟草里面含有上百种成分，经测定大部分都是对身体有害的化学物质，例如尼古丁。尼古丁不仅使人上瘾，而且是一种致癌物。抽烟时，烟草燃烧的烟尘，里面含有浓度很高的有害化学成分。如果孕妇吸入，会危害胎儿的健康。所以，无论是主动吸烟，还是被动吸烟都会对人的健康造成不利影响。

高中生要从我做起，自觉远离香烟，营造无烟校园环境，不在宿舍、教室、卫生间、餐厅、操场等校园公众场所吸烟，倡导健康生活。增强自我控制能力，自觉抵制诱惑。

我们应当学习《公共场所控制吸烟条例》的相关规定，主动加入公共场所禁烟行动，积极参与禁烟宣传。为了自己和大家的健康，如果看到他人吸烟，要对其进行善意的提醒和劝诫，让更多的人远离香烟。高中生肩负着建设祖国的重任，承载着民族振兴的光荣使命，要拒绝烟草，珍爱生命，倡导文明，共同营造一个没有烟草危害的美好校园。

二、远离烟草、酒精和毒品

烟草、酒精和毒品都会危害身体健康，我们要远离它们，并且要了解它们危害身体的机制。

传统卷烟是由烟草制成的，里面含有尼古丁等致癌物质。吸烟的原理是通过燃烧烟草，使烟气从前到后流通，再从嘴巴里喷出，这些烟雾会通过呼吸进入呼吸道，再进入肺部，被肺部吸收分解。但是，烟草中的很多化学成分很难被完全分解，一些致癌物质仍会停留在肺部，容易导致吸烟者患上肺癌。

酒精学名叫乙醇，进入人体后主要在肝脏进行代谢。乙醇经过乙醇脱氢酶的作用转化成乙醛，乙醛通过乙醛脱氢酶的作用转化成乙酸，乙酸再分解成水和二氧化碳排出体外。乙醛会刺激神经，让人产生头晕、恶心等醉酒的感觉，对人体危害较大。长期大量饮酒会损伤肝脏，引发酒精性肝炎、肝硬化甚至肝癌，还会增加痛风、急性胰腺炎，增加乳腺癌、结直肠癌等疾病的发病率。

毒品可分为传统毒品、合成毒品、新型毒品。传统毒品主要有海洛因、鸦片、吗啡、可卡因、大麻等；合成毒品主要有冰毒、麻古、摇头丸、开心水、神仙水等；新型毒品主要有氯胺酮、合成大麻素类、卡西酮类、芬太尼类、苯乙胺类、哌嗪类、色胺类等。

从毒品的成瘾过程来看，人体细胞的兴奋活动是通过一种特殊的化学物质——神经递质的释放来实现的。正常情况下，神经细胞中神经递质的释放是有序的，但是毒品会促进神经递质的快速释放，由此产生持续的、病理性的兴奋状态，引起神经系统功能的紊乱。经过数次毒品作用后，神经细胞释放的兴奋型神经递质不断减少，吸食者虽然理智上知道不该吸食毒品，但需要毒品的刺激来维持正常或异常的欣快感，因此产生成瘾性。

毒品对大脑神经具有破坏性，使人出现记忆力衰退、行动迟缓、情绪易怒等症状。毒品还会攻破人的生理系统，使人对毒品产生依赖。一旦对毒品上瘾后，想要戒掉就会很困难。在戒毒过程中，大多数人都会产生严重的戒断反应，他们无法控制自己的情绪和行为，会对毒品产生狂热渴求，让自己非常痛苦。

烟草、酒精和毒品对人类身心健康的危害很大，我们应该主动远离烟草、酒精和毒品，不在公共场合吸烟，发现酒后驾车、吸毒、贩毒等违法行为，要在保证自己生命安全的前提下及时向公安机关举报。

三、了解酗酒、吸毒对公共安全的危害

吸毒和酗酒会让人丧失理智，容易酒后斗殴或者酒驾、毒驾，这些行为都会严重危害公共安全。

酒后斗殴致人轻微伤，则违反了《治安管理处罚法》的规定，会受到行政处罚：情节较轻的，处五日以下拘留或者五百元以下罚款；情节较重的，处十日以上十五日以下拘留，并处五百元以上一千元以下罚款。酒后斗殴致人轻伤以上，涉嫌故意伤害罪，处三年以下有期徒刑、拘役或者管制；致人重伤的，处三年以上十年以下有期徒刑；致人重伤、严重残疾或死亡的，处十年以上有期徒刑、无期徒刑或者死刑。

酒后驾车，因酒精麻痹作用，导致人的反应迟钝，操作能力降低，往往无法正常控制油门、刹车及方向盘，一旦出现紧急情况，就可

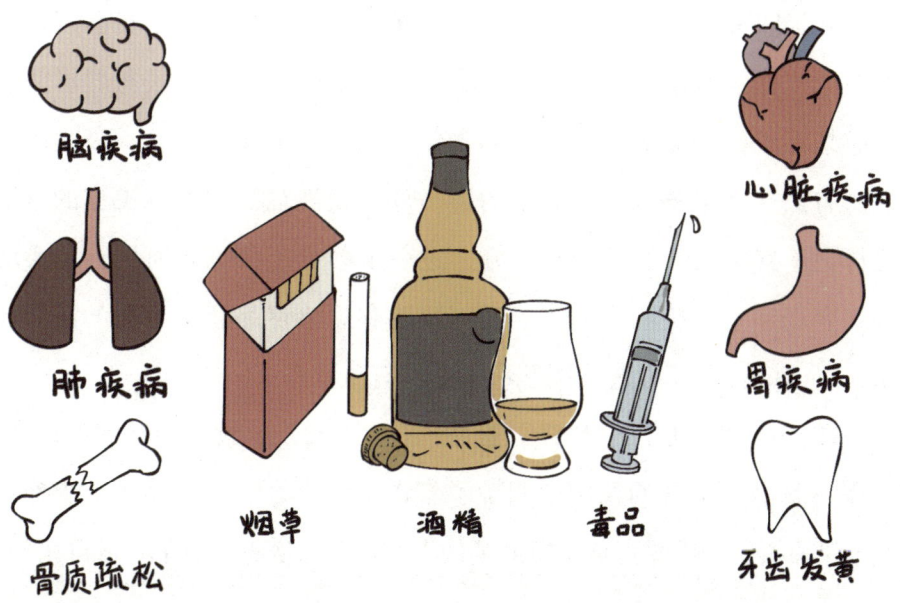

脑疾病　　心脏疾病

肺疾病　　胃疾病

骨质疏松　烟草　酒精　毒品　牙齿发黄

能发生事故。而且,人在酒后易犯困、疲劳和打盹儿,注意力分散,判断力降低,对光、声的反应时间延长,无法正确判断安全间距与行车速度,很容易导致事故。一旦发生事故,轻者皮肉之苦,重者终身残疾甚至失去生命。

近些年来,全国发现的毒驾肇事肇祸案件数量呈逐年攀升趋势。毒驾是非常危险的,驾驶人员在吸毒后,会产生精神极端亢奋、妄想、幻觉等状况,会导致其脱离现实场景,判断力低下甚至完全丧失判断力,存在安全驾驶隐患。吸毒后驾车,造成严重后果的,也可以以危害公共安全罪进行处罚。

四、了解禁毒(毒品)相关的主要法律知识

《中华人民共和国禁毒法》(以下简称《禁毒法》)于 2007 年 12 月 29 日第十届全国人民代表大会常务委员会第三十一次会议通过,第七十九号国家主席令公布,自 2008 年 6 月 1 日起施行,是目前规范我国禁毒工作的基本法律。《禁毒法》是为了应对毒品违法犯罪形势、适应禁毒工作发展需要,在总结多年来禁毒斗争实践经验、吸收国内外已有法律规定基础上,制定的第一部全面规范我国禁毒工作的重要法律。《禁毒法》的颁布与实施,进一步彰显了我国政府厉行禁毒的一贯立场和坚定决心,完善了我国预防和惩治毒品违法犯罪的法律体系,对于依法全面推进我国禁毒事业具有重要意义。

《禁毒法》共 7 章 71 条,遵循"专群结合"、预防与惩治相结合、教育与救治相结合的原则,明确了禁毒工作方针、领导体制、工作机制、保障机制、法律责任,规范了禁毒宣传教育、毒品管制、戒毒措施、

国际合作等业务工作。

《中华人民共和国刑法》（以下简称《刑法》）将毒品犯罪归为一个类罪名。《刑法》第三百四十七条规定：走私、贩卖、运输、制造毒品，无论数量多少，都应当追究刑事责任，予以刑事处罚。我国《刑法》还规定了毒品犯罪的罪名：走私、贩卖、运输、制造毒品罪；非法持有毒品罪；包庇毒品犯罪分子罪；窝藏、转移、隐瞒毒品、毒赃罪；非法生产、买卖、运输制毒物品、走私制毒物品罪；非法种植毒品原植物罪；非法买卖、运输、携带、持有毒品原植物种子、幼苗罪；引诱、教唆、欺骗他人吸毒罪；强迫他人吸毒罪；容留他人吸毒罪；非法提供麻醉药品、精神药品罪。

五、了解无偿献血法

一般情况下，人体的血液在三四个月的时间就可以更新一次。献血只是献出了人体血液的一小部分，不会对身体造成伤害，献血后人体就会制造足够的新生血液。外伤性出血、产后大出血及多种血液病都需要靠输血来救治，但血液不能人工制造，也无法用其他的物质代替，只能靠广大健康的、适龄的公民献血。

《中华人民共和国献血法》是为保证医疗临床用血需要和安全，保障献血者和用血者身体健康，发扬人道主义精神而制定的法规。由中华人民共和国第八届全国人民代表大会常务委员会第二十九次会议于 1997 年 12 月 29 日修订通过，自 1998 年 10 月 1 日起施行。

依据《中华人民共和国献血法》，我国实行无偿献血制度，提倡十八周岁至五十五周岁的健康公民自愿献血。为了鼓励无偿献血，采供血机构通常会赠予献血者必要的纪念品，很多省市还规定无偿献血达到一定量后，献血者及其亲属可以享受免费用血的优惠政策。

无偿献血就是在无私地帮助需要血液的病人，这是一种救死扶伤的崇高行为，是中华民族优良品德的一种具体表现。因此，我们要积极参与无偿献血，向亲朋好友介绍和宣传无偿献血。

做好个人卫生与保健，是维持身心健康的行为基础。我们都应该学习个人卫生与保健的相关知识，并将其合理运用到现实生活中，做一个文明、健康的人。

第三节　健康与疾病预防控制

随着社会经济的发展，人们的生活节奏越来越快，工作、学习压力也越来越大，健康问题也越来越多。过去只有老年人才会患上的高血压、糖尿病、冠心病等慢性疾病，现在已经开始出现在二三十岁的年轻人身上，并且发病率越来越高。为了我们和家人的健康，我们应该了解一些疾病预防的知识。

一、了解慢性非传染性疾病

慢性非传染性疾病简称慢性病，不是特指某种疾病，而是对起病隐匿，病程长且病情迁延不愈，缺乏确切的传染性生物病因证据，病因复杂，且有些尚未完全被确认的疾病的概括性总称。

常见的慢性非传染性疾病主要指以心脑血管疾病（高血压、冠心病、脑卒中等）、糖尿病、恶性肿瘤、慢性阻塞性肺部疾病（慢性支气管炎、肺气肿等）、精神异常等为代表的疾病。

慢性非传染性疾病具有以下特点：

1. 不具传染性。心脑血管方面的疾病、慢性支气管炎等慢性肺部疾病、精神方面的疾病都不具有传染性。

2. 慢性非传染性疾病起病隐匿，进展缓慢。在身体状况相对较好的情况下，慢性病症状不明显，只有在身体免疫系统降低时，它才会给人以"致命的攻击"。

3. 慢性非传染性疾病具有一定的规律性，危害缓慢加大。

4. 慢性非传染性疾病相当隐蔽，病因复杂，一般都是经过长年多方面的病情积累，直至某个健康系统失调或崩溃，一旦发病很难在短时间内使健康系统重新修复，重新获得平衡。

5. 慢性病的治疗只能做到缓解症状，很难彻底治愈，如果控制得好，可不影响患者的正常生活。

6. 容易导致并发症。慢性病是一种缓慢发展的疾病，如果对疾病治疗不到位，就极易诱发一系列并发症，比如糖尿病足、糖尿病肾病等。

二、慢性非传染性疾病与生活方式、行为的关系

我们真正的财富，是自己的身体健康。慢性非传染性疾病的产生，

与个人的生活方式、行为有直接的关系。

心脑血管疾病往往与现在人的生活压力有关，因为一个人精神和心理长期处于紧张状态，易引起血管硬化，再加上一些不合理的饮食结构、生活习惯，就会导致心脑血管疾病的发生。所以，我们一定要保持良好的心态、生活习惯和饮食结构，避免熬夜。

高血脂主要是指血浆中总胆固醇或甘油三酯异常升高，主要和人的饮食习惯有关，比如大量摄入脂肪酸和高胆固醇的食物（肥肉、黄油类、动物肝脏类等），加之缺少运动，就比较容易导致血脂高。

糖尿病的发病与饮食有一定关系。如果有糖尿病的遗传背景，在饮食上不加以控制，摄入过多油脂，摄入过多含糖量较高的食物，总热量超标，人体出现脂肪堆积，导致胰岛素抵抗，容易诱发糖尿病的发生。

现在人经常吃快餐、外卖，虽然非常方便，但是这些食物大多高油、高糖、高热量，一旦摄入过多，就会转变为脂肪被储存起来，从而威胁身体健康。再加上失眠、熬夜，以及吸烟、酗酒，不吃早餐等不良

生活习惯，使得慢性病越来越年轻化。

三、慢性非传染性疾病的预防措施

想要预防慢性非传染性疾病，我们就要在日常生活中养成良好的生活习惯和健康的生活方式，适当运动，定期体检。

1.健康的饮食方式：预防慢性病要注意健康均衡饮食，限制过多脂肪和盐的摄入，多摄入蔬菜、水果；禁烟限酒，吸烟可显著增加恶性肿瘤、呼吸道疾病、脑卒中等疾病的发生；过量饮酒可导致急性酒精中毒，急慢性肝炎，高血压等慢性疾病发生的危险。

2.生活要规律：生活作息要规律，少熬夜。另外，不良的情绪、工作压力、经济压力等会造成身体负担，所以要学会及时调整放松，如通过郊外游玩、听轻音乐、跑步、练瑜伽等适合自己的放松方式，

调整好心态。

3. 适量运动：适当的体育锻炼可增强体质，提高自身免疫力，可采用慢跑、快走、游泳、骑自行车、爬山等形式的体育活动，每次活动以 30 到 60 分钟为宜，强度因人而异。

4. 定期体检：慢性病具有隐蔽性的特点，一部分病人初期难以发觉，这给慢性病的及早控制带来一定困难。因此，要养成定期体检的习惯，以便早期发现，早期治疗，防止病情加重和并发症的发生。如果身体出现不适症状，建议及时去医院就诊。

虽然现在很多人开始重视自己的健康，但缺乏相关知识，对于健康问题和疾病预防控制了解甚少。为了保持健康，我们每个人都应该主动学习这些知识，了解慢性病的成因，掌握预防的方法，帮助自己和身边的人远离疾病。

第四节　用眼健康

随着信息技术的高速发展，我们的生活方式发生了巨大变化，人们每天在电脑或手机上消耗的时间越来越长，眼睛得不到足够的休息，加上一些不良的用眼习惯，眼科疾病的发病率也逐渐增高。为了更好地保护我们的视力，我们有必要学习一些用眼健康知识。

在高中阶段，我们要学习的科目更多，学习时间也增加了，用眼时间也随之延长，因此，建议高中生一年进行一次验光，近视度数发生变化时，要及时更换眼镜，避免过度矫正。如果近视度数较低，我们看近处时可以不戴眼镜；如果近视度数高于600度，我们就应经常佩戴眼镜。我们还要养成定期进行眼科检查的习惯，这样可以查出是否存在眼底病变，以便早发现早治疗。

眼睛是我们的重要器官，我们不仅要在日常的学习中注意用眼、预防近视，在与同伴游戏或是进行户外体育活动时也要注意保护眼睛。在掌握上述基础的用眼健康知识后，我们还应该学习一些预防严重眼病或眼外伤的知识。

一、视网膜和脉络膜萎缩

视网膜和脉络膜萎缩是常见的眼病，广大高中生要了解这两种眼病，并引起高度的重视。

视网膜萎缩患者一般会出现的视觉症状有视力模糊、一眼或两眼视力突然减退、视野内出现黑点或闪光感等症状。造成视网膜萎缩的原因比较多，常见的有以下几种：视网膜缺血，导致局部视网膜组织坏死与凋亡，引发视网膜萎缩；视网膜或脉络膜的炎症对视网膜的结构产生破坏造成的，常见的有葡萄膜炎、急性视网膜坏死；高度近视，高度近视患者眼轴增长，从而使视网膜被动受到牵拉，引发周边视网膜出现变性，从而导致萎缩。

视网膜萎缩是可以控制的。视网膜萎缩的患者要养成良好的生活习惯，注意合理用眼，防止用眼过度，适当摄入富含维生素和蛋白质的食物，保持稳定的情绪以及保证充足的睡眠，不要熬夜。这些好的习惯对视网膜病变能够起到预防或者是帮助恢复的作用。

视力模糊

脉络膜萎缩患者常出现视力减退、视物变形、视野有中心暗点。脉络膜萎缩主要是因为先天性遗传和用眼不当、视疲劳等原因导致。脉络膜萎缩患者平时注意用眼卫生，尽量不要熬夜，避免长时间面对电子屏幕，平时及时纠正用眼姿势，合理用眼，心态要积极乐观。适当参加户外活动，消除眼疲劳。平时多吃对眼睛有好处的食物，胡萝卜动物肝脏等。这些良好的生活习惯，可以防止病情加重。

二、高度近视的日常护眼方法

高度近视多是由不良的用眼习惯导致的，不良用眼习惯主要是指长时间用眼、眯眼看东西、经常用手揉眼睛、使用不正规或者假冒伪劣的眼药水等。高度近视的同学一定要注意科学用眼，注重日常护眼。

在日常生活中一定要合理用眼，在学习和生活中尽量不要过度用

中度近视 300~600度　高度近视 >600度　低度近视 <300度

眼，过度用眼会导致度数更加严重。在晚上睡觉前可以使用缓解眼疲劳的眼贴，在学习的时候可以劳逸结合，平时要多做眼部保健操，这样可以有效放松眼部。平时要减少视疲劳，养成良好的用眼习惯。每年至少检查一次眼底，如果出现眼部症状，及时到眼科就诊。

高度近视的同学一般不建议进行跳绳等剧烈运动。高度近视者的眼球轴较长，且眼球壁比较薄，因此视网膜也会变得比较脆弱。在受到跳绳等剧烈运动影响时，可能会导致视网膜受到损伤，严重者还有可能发生视网膜脱离。高度近视的同学要运动时，可以选择慢跑、散步、打太极、练瑜伽等。

高度近视的同学要注意饮食营养均衡，要多吃些新鲜果蔬，多喝菊花茶。柑橘、草莓、黑桑葚、猕猴桃、胡萝卜、西红柿、西兰花等新鲜果蔬中，含有丰富的胡萝卜素和类胡萝卜素，可以为人体补充维生素 A，在一定程度上减缓视力衰退。菊花茶具有提神醒脑、平肝明目的功效，可以有效缓解肝火旺、用眼过度导致的眼睛干涩、疲劳。

三、安全运动，预防眼外伤

适当参加体育运动有利于身体健康，但也会增加我们受伤的风险。比如在打篮球、踢足球时，容易出现磕伤或碰伤，戴眼镜的同学更要注意眼镜片被撞碎的可能。镜片是玻璃制品，如果不小心碎裂可能会划伤眼睛。

在参与剧烈体育运动或劳动活动时，我们要佩戴好头盔、护目镜等护具，防止眼外伤的发生。如果眼睛里进了异物，不要直接用手揉或尝试用手取出异物，异物会刺激泪腺分泌泪液，我们应该先闭上眼睛，等到眼泪大量流出时睁开眼睛眨几下，通常泪水会将异物冲出来。如果此方法无效，我们可以在洗净手后，用食指和拇指轻轻把眼睑向外推翻，找到异物后用消毒棉签将异物拨出。如果找不到异物或无法取出，则应该及时就医，寻求专业医生的帮助。

如果是眼球受到重击，人们往往反射性地用手捂住眼部，切记不要太用力，应及时放开手掌，自我观察是否流血，是否视力下降，是否有澄清液体流出。如果佩戴眼镜的话，也应请同伴寻回眼镜，检查眼镜框片是否完整。一般来说，流血并不是严重与否的主要指标，视力的快速下降通常意味着损伤严重。如果眼睑的皮肤受伤可用纱布遮挡，或用清洁的手帕压迫止血，尽早就医。在就医之前，不要强制翻开眼睑、用力压迫眼球。如果伤后，没有流血、视力下降、眼疼等情况出现，那么可以适当使用冷敷，停止运动，观察 2～3 天，如果没有不良变化可正常生活，如果有变化，要尽快就医。

第五节　健身锻炼与运动

健身锻炼与运动是指徒手或利用各种运动器械，运用专门的动作方式和方法锻炼身体。适度的锻炼可以帮助我们增强体质、改善形体、陶冶情操，维持我们的身心健康，提高我们的学习效率。因此，我们应该积极参与健身运动，养成锻炼身体的习惯。

作为高中生，我们要坚持科学锻炼，还要掌握一些预防体育运动创伤和疾病的知识与技能。

科学锻炼要求每个人根据体质制定不同的锻炼方案。在体育锻炼中我们要掌握一些自我监护的方法：一方面，我们要注意体育锻炼后自己的疲乏程度、睡眠质量、食欲变化、排汗量多少；另一方面，我们要衡量体育锻炼后自己的体温、体重、脉搏、肺活量、运动成绩等指标的变化。如果锻炼后出现过度疲乏、嗜睡、食欲减退、排汗量过大等情况，且各项身体指标呈现出不正常的情况，那我们就应该适当减少运动量。反之，我们则可以保持现在的运动量，或稍微增加一些运动量。

坚持锻炼很重要，预防体育运动创伤和疾病同样值得重视。在剧烈运动前，我们一定要做好热身。剧烈运动后也要做一下拉伸，运动后拉伸能促进血液循环，帮助肌肉更好地放松，防止潜在的运动伤痛，提高身体柔韧度。有些人运动后觉得很累，没有做拉伸就直接休息，肌肉长时间肿胀、酸痛，不仅会影响锻炼效果，还会降低坚持锻炼的积极性。

运动中一些不标准的动作也很容易导致肌肉、韧带拉伤。因此，我们要在健身教练或体育老师的指导下规范自己的动作，同时要根据自己的实际情况循序渐进，不要一上来就挑战难度较高的动作。

在了解了基础的健身锻炼与运动知识后，我们还应该坚持规律自觉的体育锻炼，理解运动与健康的关系并营造积极运动的氛围。

一、坚持规律自觉的体育锻炼

1. 坚持科学、规律、持续的运动

一个成大事者要有健康的体魄。健康的体魄在于运动，人若不运动就会生百病，敌不过自然界各种疾病的侵害。运动必须合乎科学，按照科学规律、持续地运动，这样才能达到健身的目的。

科学的体育锻炼是增强体质的最佳方法。每个人的实际情况不同，只能在自己身体条件允许的情况下，选择一项适合自己的运动项目。运动时应注意运动量，只有运动量保持适宜，才能收到较好的效果。如果运动量过大超出了自身所能承受的限度，对身心健康十分不利；相反，运动量过小，就达不到锻炼的目的。

规律的运动指的是保证运动要有一定的时间规律，不能断断续续的。从健身角度出发，每周3—5次的运动频率是最合适的。坚持运动，

养成规律的运动习惯，才能够起到最好的锻炼健身效果。

2. 掌握安全运动知识，预防运动外伤

运动锻炼时要注意安全，预防运动外伤的发生。运动前，我们要保持充足的睡眠和能量摄入，挑选合适的运动服和运动鞋；运动时，我们要先做热身运动，注意剧烈运动的强度不要过大；运动后，尤其是在完成剧烈运动后，最好不要立刻坐下或躺下，要继续慢走，保证血液流通，以免出现昏厥状况。此外，从事专业运动项目，比如滑雪、打橄榄球时，一定要佩戴专业的运动防护用具，避免在碰撞中产生运动外伤。

二、理解运动与健康的关系

1. 通过运动提高学习和生活质量

运动不仅能锻炼身体，提升身心素养，还能开发大脑，增强肢体的协调性和灵活性。人在进行体育运动时，全身血液会加速循环，人体在排汗时会将体内毒素排出，运动过后人的睡眠质量也会更好，身体也会更轻松，对于减缓焦虑有很大帮助。运动时心跳加快，血管适度收缩，血液循环加速，大脑的供血量就会大量增加，从而有利于大脑神经细胞的代谢，促进脑细胞的正常发育，对学生的智力发展、认知能力提升非常有益处。长期坚持做有氧运动，可以提高大脑运转效率，让人更健康。

运动有助于增强肌肉、骨骼，稳定血糖，降低血压，有助于心理健康。运动有助于控制体重以达到标准，减少患高血压、中风、糖尿

病和某些癌症等慢性疾病的风险。运动可以让人心情愉快，减轻压力。因为在运动过程中，人体会释放内啡肽，内啡肽可以调节压力并改善情绪，帮助人们在晚上睡得更好。长期坚持体育运动，不仅可以强健我们的身体，还可以有效丰富我们的业余生活，让我们更加积极、自信，从而提高我们的生活质量。

2. 掌握正确处理运动损伤的方法

在进行运动的时候，如果不注意很容易就会出现身体损伤。出现运动损伤，要及时、正确地进行处理。

皮肤的表皮出现擦伤，如果不是很严重，清创之后局部涂抹一些消毒药水就可以了。如果擦伤比较严重或者有渗血，就要到医院进行专业治疗，避免继发感染。

如果拉伤了，可以根据拉伤部位的疼痛程度确定受伤的轻重。在运动过程中，如果发现某个部位出现疼痛，应该立即停止运动，然后通过冰敷的方法来缓解，注意不要揉搓或者热敷。

在运动中，关节部位出现扭伤是比较常见的，特别是踝关节、膝关节和腕关节。出现这种情况，可以先冷敷来缓解，24 小时之后就可以使用一些活血化瘀、消肿止痛的中药包进行热敷，同时也可以通过按揉的方法来减轻疼痛肿胀。

脱臼、骨折是比较严重的运动损伤，出现这两种情况自己很难处理。首先要保持安静，不要活动，然后及时到医院进行治疗。记住不要在送院的途中晃动，避免造成更严重的损害。

三、营造积极运动的氛围

人们在一个群体中生活时，会不断将自己与身边的人进行比较，并根据比较结果调整自己的行为模式，这就是同伴影响力。当我们自己做到坚持规律自觉的科学锻炼，并因此变得健康、强壮后，身边的人也会开始对体育运动产生兴趣。为此，我们要充分发挥同伴影响力，营造积极运动的氛围，带动身边的人一起参与到健身锻炼和运动之中。

适度的健身锻炼与运动，对正在长身体的我们是很有益处的。想要拥有健康的体魄、俊美的外表、充沛的精力，就一定要根据自己的身体条件，做出适度适量的健身锻炼与运动规划。只要能坚持运动，我们就会越变越好。

第六节　健康作息

现代社会生活节奏快，工作、学习压力大，很多人养成了熬夜的坏习惯。大部分人对熬夜的危害认识不足，即使知道熬夜对身体不好，也不怎么在意，无法下定决心调整作息习惯。作为高中生，我们不仅需要了解健康作息的重要性，知道如何做到健康作息，还需要掌握一些合理规划个人作息的方法。

规律的作息体现在制定学习计划、协调课内外学习安排以及保证充足的睡眠上。在日常学习中，我们应劳逸结合，合理安排课内外的时间。课上好好学习，课下好好锻炼，每天保证充足的睡眠，这可以有效提高我们的记忆力和学习能力。

合理规划个人作息的第一项内容，就是要养成适度使用网络的习惯。科学研究表明，一天内上网的时间不宜超过两个小时，长时间使用网络对人体健康会产生危害。每天使用电子设备的时间也应该有规律、有节制，上网时间太长不仅容易损伤视力，而且也会影响睡觉。

合理规划个人作息的第二项内容，是能够科学安排学习时间，做到科学用脑、劳逸结合，充分保证睡眠时间。步入高中校园后，我们每个人都应该为自己制定一张科学的作息时间表，并以此来科学安排自己的学习与休息时间。

睡眠对于人体是非常重要的，是维持机体健康必不可少的生理过程。睡眠的质量决定着生命的健康和生活的质量，充足的睡眠、均衡的饮食和适当的运动，已成为国际公认的三项健康标准。我们只有睡眠良好，生活质量才能提高，才能够更好地完成学习任务。

我们了解了睡眠与健康的关系后，还要掌握一些快速入睡、提升睡眠质量的方法。

一、睡眠时间和质量对身心健康的影响

每个人都需要睡眠，睡眠时间和质量对人的身心健康有着巨大的影响。通常来说，儿童每天需要 10 小时的睡眠，成人每天需要 7 ~ 8 小时的睡眠。如果晚间睡眠不足，第二天就会出现头晕昏沉、沮丧易怒、

高中生应达到
8 小时

反应迟钝、判断失常、注意力不集中等情况。长期睡眠不足，还会导致衰老加速、免疫力下降、内分泌失调、性功能衰退，并诱发糖尿病、消化道疾病、心脑血管疾病等病症。在睡眠过程中，我们的脑细胞和部分身体细胞会得到休息，内分泌系统也会得到合理的调节。可以说，充足的睡眠就是健康的前提条件。

好的睡眠可以促进心理的调试，保证人体有充沛的体力和精力，有助于人的精神愉悦。相反，长期睡眠不良会导致情绪烦躁等心理和精神问题，同时引发多种疾病。比如：长期患睡眠障碍或睡眠不足，会对人的心理产生严重影响，使人情绪烦躁、疲倦、易怒，严重的还可能诱发精神疾病如抑郁症、焦虑症等。同时，心理障碍的产生也会影响并减低睡眠的质量。

二、睡眠质量的影响因素

紧张、焦虑、睡眠规律紊乱、身体器官疾病都会影响睡眠质量，除此之外，温度、湿度、灯光、噪声、气味以及枕头、床垫、被子是否舒适等也是影响睡眠质量的重要因素。

通常来说，适宜睡眠的卧室环境，温度应该在20℃～23℃，湿度应该在50%～60%，最好没有灯光、噪声和异味。床上用品以个人体验舒适为主，枕头要贴合颈部、高度适中，床垫要软硬适中，被子要足够保暖，但也不能太厚太重。

三、快速入睡的方法

为了保证充足的睡眠，我们应该掌握一些快速入睡的方法。最方便实用的方法是"4-7-8"呼吸法，具体步骤：先闭上嘴巴，用鼻子吸气，在心中默数 4 秒；然后停止吸气，屏住呼吸，在心中默数 7 秒；最后用嘴缓缓呼气，在心中默数 8 秒，再从头开始重复一次。这种方法可以让我们的肺部吸收更多氧气，调节我们的副交感神经系统功能，减少我们心中的杂念，让我们的心态变得平和，更容易进入睡眠状态。

一般来说，每天练习两次"4-7-8"呼吸法，坚持 6 到 8 周，就可以用 60 秒左右的时间成功入睡。此外，睡前洗个热水澡，喝一杯热牛奶，躺到床上后听一段舒缓的音乐或白噪声，也可以帮助我们放松神经，让我们更快地入睡。

四、坚持合理作息，保证睡眠时间和质量

想要保证睡眠时间和质量，坚持合理作息是很有必要的。很多人因为个人习惯的影响，作息没有规律，不会在固定时间上床睡觉，久而久之，他们的睡眠质量就会降低。高中阶段的学习压力要比初中阶段大，面对高考的高三学生更容易感受到学习的重压，有些高三学生会在晚自习后依然看书刷题，看上去效果不错，但实际上对学习成绩提升的帮助却十分有限。

熬夜刷题会让我们无法保证足够的睡眠时间，也会影响我们的睡眠质量。表面上看，我们比其他同学多做了很多试题，但在第二天上课时，我们的精神状况却会远不及那些拥有充足睡眠的同学，学习效率也会受到影响。因此，我们应该平衡好学习和休息这两件事，坚持合理作息，保证睡眠时间和质量，才能更好地提升学习的效率。

良好的作息习惯是身心健康的重要条件，我们应该充分了解健康作息的重要性，掌握提高睡眠质量的方法，坚持每天早睡早起、保持

运动锻炼的好习惯。养成规律作息的好习惯，不仅能让我们的精力更充沛，而且还有助于提高我们的学习效率，让我们获得更多进步，更好地实现自己的学习目标。

第七节　了解饮食对健康的影响

合理膳食是指每天摄入的营养能够满足人体的生长、发育和各种生理、体力活动的需求，又不能过量导致形体肥胖。合理膳食能提高人体的免疫功能，也能促进新陈代谢，还能调节体内的物质代谢，使营养物质转化的能量最大限度地贮存于体内，为身体健康打好基础。

高中生要培养健康饮食、合理饮用饮料的习惯，能通过合理饮食预防缺铁性贫血和碘缺乏症，并了解膳食模式对健康的影响，食品选购、加工、储存方法，以及食源性疾病的相关知识。

一、预防和治疗缺铁性贫血的饮食原则

缺铁性贫血是由于体内铁元素的缺失而导致的贫血，一般由偏食、女性月经期失血过多等原因引发。缺铁性贫血会导致人的免疫功能下降，容易出现疲劳、工作学习效率低下、心力衰竭、全身各组织器官感染等症状。它还会导致人出现异常的心理行为，如烦躁、易怒、注意力不集中。如果长期贫血会导致心脏病、心力衰竭等疾病，引起循环系统异常，出现为头晕、心跳加快等现象，甚至出现心力衰竭，部分人还伴有头发干燥、脱落、皮肤萎缩等现象。

饮食调理对预防与治疗缺铁性贫血非常重要，且能取得良好的效果。通常动物血含铁量最高，吸收率也最高，动物肝如猪肝等含量和吸收率次之，蛋黄含铁量亦较高，但吸收率较低，其他含铁量较高的食物还有芝麻、芥菜、芹菜、紫菜、木耳、海带、杏、桃、李、葡萄干、红枣、樱桃等含铁较多。预防和治疗缺铁性贫血要多食用动物血、动物肝脏、

瘦肉类、蛋、乌贼、海蜇、虾米等动物性食品，芝麻、海带、黑木耳、紫菜、香菇、黄豆、黑豆、腐竹、红腐乳、芹菜、荠菜、红枣、葵花子、核桃仁等植物性食品。缺铁性贫血的同学餐后不宜多饮茶和咖啡，尤其不要长期饮浓茶，因茶和咖啡含有鞣酸，与铁结合后影响铁的吸收。

二、预防与治疗碘缺乏病

碘是人体必需的微量元素，是合成甲状腺激素的主要原料，甲状腺激素能促进机体的新陈代谢和生长发育。因此，缺碘会导致甲状腺肿大、代谢功能异常等。

预防碘缺乏病的根本措施就是补碘。补碘应遵循长期、微量、日常和生活化的原则。除食用加碘盐外，可以通过食用富碘食物来补碘。

海产品含碘量是最高的，比如大家喜欢吃的海带、紫菜、发菜、海白色、海参、海蜇、鱼、虾、蟹。另外，鸡蛋、牛奶也含碘量比较高，香蕉、葡萄、柚子、菠萝、柿子含碘量也比较高。

我们还必须明白不是每个人都需要补碘，如果人的甲状腺激素的水平是正常的，就提示机体的碘是足够的。因为机体内的碘绝大多数聚集在甲状腺上皮细胞内，用以合成甲状腺激素。如果身体不缺碘，过量的食入含碘丰富的食物，有可能使甲状腺功能减退。

食用碘盐是常用的补碘方式，购买碘盐时首先要查看有无防伪标志和相关证书，然后仔细观察，真的碘盐颜色洁白，颗粒均匀松散；假碘盐颜色暗黄，颗粒大小不一致。购买的碘盐要妥善保存，应放在阴凉、干燥处。为防止碘丢失，烹饪时不宜过早放入碘盐，宜在食物快熟时放入。

三、热量和超重与肥胖之间的关系

热量是指食物中包含的营养素在人体内氧化消耗而放出的能量，供人体运动所消耗。摄入食物如果含有很高的热量，大量摄入该食物以后，人体氧化的能量过剩，这些没有被消耗掉的营养素就被人体过量吸收，从而使人体重增加，甚至出现超重或肥胖的情况。

我们在日常生活当中吃的每一种食物都有热量，但是食物之间的热量相差非常大，即使是同一种食物，不同的烹饪方法也会导致热量有差异。高热量的食物相对容易导致发胖，而低热量的食物正好相反，不仅不容易发胖，而且还有利于减肥。所以，为了避免身体超重或者肥胖，大家在日常生活当中多吃一些低热量的食物，适当适量地吃高热量食物。

四、健康膳食模式及其特点

膳食模式是指人们摄入主要食物种类和数量的构成。在膳食模式中保持氨基酸、热量、营养素及各种营养素摄入量之间的平衡，是健康膳食的基本要求。常见的健康膳食模式有平衡膳食模式、得舒饮食模式、地中海饮食模式等。

平衡膳食模式提倡食物种类齐全、比例合理，并兼顾经济水平、食物资源状况和传统饮食习惯，强调植物性食物为主、动物性食物为辅，少油少盐少糖；得舒饮食模式也被称为"降高血压饮食"模式，强调多吃蔬菜、水果、低脂乳品、全谷物、禽肉、鱼类、大豆制品，少食甜品、含糖饮料、红肉、肥肉及动物内脏，以植物油代替动物油，

有助于预防肥胖、心血管疾病、糖尿病等慢性病；地中海饮食模式的主要特点是以蔬菜、水果、鱼类、五谷杂粮、豆类和橄榄油为主，吃适量奶酪、酸奶之类的奶制品，少吃红肉、甜点、饮料和精制谷物，可以降低肥胖、心血管疾病、糖尿病和癌症的发生风险，是公认的健康饮食模式之一。

五、了解食品选购、加工、储存的方法

食品的选购、储存和加工，对我们的饮食健康也有直接影响。在选购食材时要注意挑选，不能贪便宜购买不新鲜的食材，也不要一次性购买太多，尽量做到现吃现买。如果有剩余的食材，应该及时放进冰箱保存。绿叶蔬菜先将蔬菜叶子上的水分用厨房纸吸干，然后放在保鲜盒中密封起来，再放入冰箱。肉类按照用途处理成相应的形状，用保鲜袋依次分装放入冰箱冷冻起来。香蕉、菠萝、芒果等热带水果不能放冰箱，只要放在室内阴凉干燥的地方即可，苹果、橙子、橘子等水果，室温下可以储存一周也不会坏。

在处理食材之前，我们必须先用肥皂充分清洁双手，并通过冲洗、浸泡等方式，去除食材上的灰尘、农药等残留。此外，很多人家里只有一块砧板、一把菜刀，不论生食、熟食都用它们处理，很容易导致熟食被生食中的细菌、寄生虫等污染，引发相关的疾病。所以，我们最好准备两块菜板、两把菜刀，将生熟食分开处理。

六、了解食品安全溯源、管理的要求

《中华人民共和国食品安全法》（以下简称《食品安全法》）是为保证食品安全，保障公众身体健康和生命安全制定的，2015 年进行

了修订，2018年进行了第二次修订，2021年进行了修正。《食品安全法》中明确规定了食品生产和经营过程中的各项要求。生产经营者必须严格遵守食品卫生安全标准进行生产，食品生产操作人员必须经过体检，身体健康才可操作，在生产过程中还要严格佩戴卫生用具。

《食品安全法》中规定：食品生产经营者应当依照本法的规定，建立食品安全追溯体系，保证食品可追溯。国家鼓励食品生产经营者采用信息化手段采集、留存生产经营信息，建立食品安全追溯体系。

食品生产企业应当建立食品原料、食品添加剂、食品相关产品进货查验记录制度，如实记录食品原料、食品添加剂、食品相关产品的名称、规格、数量、生产日期或者生产批号、保质期、进货日期以及供货者名称、地址、联系方式等内容，并保存相关凭证。记录和凭证保存期限不得少于产品保质期满后六个月；没有明确保质期的，保存期限不得少于二年。

食用农产品生产者应当按照食品安全标准和国家有关规定使用农药、肥料、兽药、饲料和饲料添加剂等农业投入品，严格执行农业投入品使用安全间隔期或者休药期的规定，不得使用国家明令禁止的农业投入品。禁止将剧毒、高毒农药用于蔬菜、瓜果、茶叶和中草药材等国家规定的农作物。

七、生物与化学类食源性疾病的预防措施

食源性疾病指通过饮食而进入人体的有毒有害物质引发的疾病。时至今日，世界各国食源性疾病的发病率仍然很高，注意饮食卫生、预防食源性疾病仍是一个重要的课题。

食源性疾病多通过食物源进行传播，因此可以采取食品监控检查

的方式，来达到预防食源性疾病的目的。食品检查时我们可以先通过触摸、观察、闻等方式，判断食品有无问题，然后再仔细辨别食物包装的密封性，看有无防伪标识，有无生产许可和食品安全证明，最后还要看它有没有超过保质期限。购买新鲜、健康的食品，烹饪时掌握正确的方法，能有效预防食源性疾病的发生。

第十节 公共环境卫生

公共环境卫生直接影响着我们的身心健康，保护公共环境卫生不仅是环卫工作人员的责任，也是我们每个人的责任。我们高中生不仅要了解影响健康的环境因素，而且还要遵守生态环境行为规范，抵制环境污染行为，采取实际行动保护环境。

影响健康的环境因素主要有大气、水体、土壤污染以及噪声污染。大气、水体、土壤等环境因素对于人体的危害很大，往往会导致身体出现慢性或者急性中毒的情况。如果长期处于这样的环境中，会增加我们患癌的风险。噪声污染不仅对我们的身体有伤害，而且还会引发一些心理问题，长期处于噪声环境中，不仅会损伤我们的听力，而且还会使我们处于一个焦虑和压抑的状态中。

我们要坚持简约适度、绿色低碳、有益健康的生活方式。以低碳出行为例，我们应该优先采用步行、骑行或公共交通等出行方式。与家人驾车出行时，也要遵守交通规则，不逆行，不闯红灯，路面有积水时减速慢行，路过学校等场所不鸣笛，与其他车辆交会时及时改换近光灯。这样不仅能减少碳排放、光污染和噪声污染，还可以有效降低发生交通事故的概率。

近年来，我国政府采取了多项有力措施，保护和改善环境，防治污染和其他公害。我们也要时刻关注国家环境保护与治理的新进展，了解最新的环境保护与治理政策，从身边小事做起，以实际行动去践行国家保护环境的新政策、新方法。

2017 年 10 月 18 日，习近平总书记在十九大报告中指出，坚持人与自然和谐共生。必须树立和践行绿水青山就是金山银山的理念，坚持节约资源和保护环境的基本国策。2020 年 3 月 30 日，习近平总书记前往浙江余村考察，在听取汇报后指出，要践行"绿水青山就是金山银山"的发展理念，推进浙江生态文明建设迈上新台阶，把绿水青山建得更美，把金山银山做得更大，让绿色成为浙江发展最动人的色彩。"绿水青山就是金山银山"的理念是社会主义生态文明观的核心理念与基本思想，树立"绿水青山就是金山银山"的理念，是社会主义生

态文明建设的内在要求，也是社会主义生态文明建设要遵循的重要原则。我们要认真学习、领会、践行"绿水青山就是金山银山"的理念。

一、自然环境对社会经济的影响

自然环境是人类社会存在和发展的物质基础。当经济增长过快，使得环境所接受的废弃物数量超过其自净能力后，环境质量就会下降，导致资源破坏、环境污染，乃至生态系统的恶性循环，使生产效率、人民健康受到负面影响，反过来阻碍社会经济的健康发展。

当经济发展到一定程度，有更多的资金投入到资源开发中，不断提高资源利用率，促进培育可再生资源和寻找开发非再生资源，提高资源的可开采量。只有当经济不断发展，才能够不断提高环保投资和环保技术水平，提高自然环境的承载力。

自然环境与社会经济是一种相互依赖、相互影响的关系。只有当自然环境和社会经济和谐发展，才能建立一种良性循环，实现整个经济社会的可持续发展。

二、国内外主要的环境保护组织及其行动

目前，国内外有很多环境保护组织，如中国绿化基金会、中国环境保护协会、联合国环境规划署、联合国教科文组织、世界环境和发展委员会等。

中国绿化基金会是经民政部注册登记的全国性公募基金会，主要进行治理水土流失、保护濒危野生动植物、生态扶贫等公益活动；中国环境保护协会致力于国际与国内环境保护事业的文化交流、学术交流、技术合作并进行调查研究、积极建言献策、普及环境知识等。

联合国环境规划署，总部设在肯尼亚首都内罗毕，该组织成立于1973年1月，主要任务是处理联合国在环境方面的日常事务。它作为国际环境活动中心，促进和协调联合国内外的环境保护工作。联合国教科文组织，总部设在巴黎，该组织从教育、科学及文化方面推动各国间的合作，保护世界人文和自然遗迹。世界环境和发展委员会是联合国大会成立的一个独立机构，它的工作是向联合国大会提出关于环境对策方面的建议。

三、环境保护与治理的政策及行动

我国政府对公共环境卫生问题一直非常重视，颁布了很多相关法律，如《中华人民共和国环境保护法》《中华人民共和国水污染防治法》《中华人民共和国土壤污染防治法》《中华人民共和国固体废物污染环境防治法》等，这些法律为国家的环境保护工作提供了正确的指导。

《中华人民共和国环境保护法》是为保护和改善生活环境与生态环境，防治污染和其他公害，保障人体健康，促进社会主义现代化建设的发展而制定的。这里所称的环境，是指影响人类生存和发展的各种天然的和经过人工改造的自然因素的总体，包括大气、水、海洋、土地、矿藏、森林、草原、野生生物、自然遗迹、人文遗迹、自然保护区、风景名胜区、城市和乡村等。当我们周边的环境受到严重污染，威胁居民生命财产安全时，可立即向当地人民政府报告，由人民政府采取有效措施，解除或者减轻危害。

《中华人民共和国水污染防治法》是为了保护和改善环境，防治水污染，保护水生态，保障饮用水安全，维护公众健康，推进生态文明建设，促进经济社会可持续发展而制定的。它适用于中华人民共和国领域内的江河、湖泊、运河、渠道、水库等地表水体以及地下水体的污染防治。

《中华人民共和国土壤污染防治法》是为了保护和改善生态环境，防治土壤污染，保障公众健康，推动土壤资源永续利用，推进生态文明建设，促进经济社会可持续发展而制定的。这里所称土壤污染，是指因人为因素导致某种物质进入陆地表层土壤，引起土壤化学、物理、生物等方面特性的改变，影响土壤功能和有效利用，危害公众健康或者破坏生态环境的现象。

《中华人民共和国固体废物污染环境防治法》是为了保护和改善生态环境，防治固体废物污染环境，保障公众健康，维护生态安全，推进生态文明建设，促进经济社会可持续发展而制定的。这里所称的土壤污染，是指因人为因素导致某种物质进入陆地表层土壤，引起土壤化学、物理、生物等方面特性的改变，影响土壤功能和有效利用，危害公众健康或者破坏生态环境的现象。

近年来，我国政府不仅制定了相关的法律，还不断加强了环境治理和执法，推动垃圾分类，降低废弃物对公共环境卫生的负面影响，制定一系列环境与健康调查、监测和风险评估制度，对企业和个人的行为进行严格监管，预防并控制公共环境污染。

环境与我们的健康息息相关，我们应该主动学习环境保护相关的知识，了解环境保护的重要性，掌握保护环境的正确做法，用切实的行动来保护我们的家园。

第十一节　关注健康信息

随着我国经济的高速发展，人民生活水平大幅提高，越来越多的人开始追求健康、长寿。有意识地关注健康信息，可以帮助我们掌握正规的信息渠道来源，锻炼分辨各种炒作伎俩的能力，将健康概念传递给亲人，并利用正确的健康信息帮助自己和家人获得健康，避免受骗。

作为高中生，我们已经具备了独立自主生活的能力，应该学会随时关注并记录自己的身体健康状况，实时监控身体的各项指标。除此之外，我们还应做到主动去了解个人健康信息，并获取相关健康信息。

近些年，无论是报刊、电视等传统媒体，还是社交平台、视频网站等新媒体上，都出现了大量打着"医疗保健"旗号的营销号。它们经常会"科普"一些似是而非的"保健理论"，吸引人们点击，赚取流量。更有一些无良商家，乘机推销各种伪劣的"理疗仪""保健食品"等，很多不仅没有保健效果，还会对人们的身体造成危害。因此，我们必须学会从科学可靠的渠道主动获取并遴选健康相关信息，提高获取、理解、辨别和应用健康信息的能力，强化公共卫生意识。

一、提高关于疫情信息的识别能力

当发生重大疫情时，我们要以官方媒体发布的信息为准，积极配合政府的防疫工作，提高关于疫情信息的识别能力，切勿轻信传言。目前我们可以信任的健康信息获取平台：政府网站，如健康中国信息服务平台、中华人民共和国国家卫生健康委员会等；官方媒体，如中国中央电视台及其所属的在线视频应用及微信等社交平台的账号、公众号等；还有经过平台认证的优质健康知识科普账号。平时多从这些渠道学习正确的健康知识，可以帮助我们提升辨别能力，正确获取健康信息。

二、根据事实依据，分析公共卫生信息

新型冠状病毒肺炎疫情出现初期，互联网上散布着很多谣言，一

时间人心惶惶。面对类似的谣言时，我们要保持头脑清醒，根据事实依据来分析公共卫生信息。在接收公共卫生信息时，要学会鉴别，证实消息的真伪。在消息不确切时，不胡乱传播消息，能够根据事实依据，正确分析看待实际情况。

三、抵制不良的生活习惯和行为

获取正确的健康信息后，我们就要将它应用到实际生活中，帮助自己改正不良的生活习惯和行为。

摒弃不吃早餐的习惯：在校生活节奏快，使许多的同学忽略了早餐的重要性，不吃早餐就没有能量供应，大脑反应跟不上，长期不吃早餐且还从事脑力工作的人会感到时常头晕，所以早餐对我们也是必不可少的。

抵制吸烟的行为：随着学习压力的加大，一些同学可能会用吸烟来缓解自己的压力，其实烟里面含有的尼古丁等物质不仅无法缓解压力，反而会影响你的判断，并对你的身体器官造成的伤害也是无法弥补的。

抵制饮酒的行为：学生饮酒会对身体有害，过度饮酒后大脑反应迟钝，人易暴躁可能会犯下大错，过量饮酒还会引起严重的身体不适。

改正不锻炼的习惯：学会有计划地锻炼身体是身体健康的重要保障，许多同学认为学业重要，而忽略了锻炼的重要性，导致身体肥胖、身体免疫力低等。所以，我们应该多做一些运动来锻炼自己，比如跑步，骑行等。

四、养成自觉的卫生意识和良好的卫生公德

高中阶段正是我们走向成熟的关键阶段，养成自觉的卫生意识和良好的卫生公德，对于我们未来的人生大有裨益。说话、吃饭、走路看起来都是小事，但如果不注意，养成了不好的习惯，就容易影响到我们的学习和生活。

文明如厕，上完厕所要洗手和冲水，用餐前要洗手，在餐桌上打喷嚏要远离菜肴，捂住口鼻，吃菜时尽量使用公筷，生活中要勤洗澡换衣，保持个人卫生、保持社交安全距离、注重咳嗽礼仪、科学佩戴口罩、使用公勺公筷……公民是自己健康的第一责任人，每个人都应当养成自觉的卫生意识和良好的卫生公德，这也是尊重他人的健康权利。

五、自觉抵制影响和危害公共卫生的活动

养成自觉的卫生意识和良好的卫生公德后，我们还应该把这种正确的健康意识带给身边的人，自觉抵制影响和危害公共卫生的活动，提升公共卫生意识和社会责任感。积极参与公共卫生部门的宣传教育活动，了解危害公共卫生的行为有哪些，改正不良行为，帮助身边人树立健康的公共卫生意识，培养自己的社会责任感。

关注健康信息，能够获取、理解、甄别和应用健康信息，是每一个高中生都需要具备的能力。作为独立自主的青少年，我们应该在充分了解自身健康信息的同时，多关注家人的健康问题，帮助自己和家人维持健康。

第二章
生长发育与青春期保健

第一节　生长发育

　　生长是指身体各器官、系统的长大和形态变化，是量的改变；发育是指细胞、组织、器官的分化完善与功能上的成熟，是质的改变。未成年人身体的生长发育情况，在一定程度上决定了成年后的身体是否健康、强壮。

　　在生长发育的过程中，我们会受到很多因素的影响，呈现出较大的个体差异。人体所需营养物质的补充，骨骼和肌肉所需运动量是否达标，生长环境是否有污染，男生和女生生长速度的差异，以及有无家族疾病史等，都有可能导致青少年生长发育的不健康和迟缓。

　　合理营养是促进生长发育的直接途径。到了青春期以后，饮食的均衡化和多样化，可以为我们更好地补充身体所需的营养。为了营养能够更好地被我们的身体吸收，我们还要进行适当的运动，加快营养的消化吸收。我们可以参考国家卫健委发布的《7 岁～18 岁儿童青少年身高发育等级评价》等文件，了解评价青少年生长发育的常用指标及特点。在成长过程中，要及时发现并正确对待生长发育中出现的各种问题，当我们无法独立解决这些问题时，应该及时向父母、老师、医生寻求帮助。

　　到了高中阶段，我们会明显感觉到生长速度减缓了，这时候我们需要理解生长速度的变化规律；这时候，我们的自我认知能力更强了，更在意自己的容貌和体态，但是我们需要形成正确的认识——体态要以健康自然为美，并保持积极的体像认知。

一、生长速度减缓是趋于成熟的标志

　　在青春期开始阶段，由于生长激素分泌增多，我们的身体生长速度会突然加快，身高和体重会迅速增长，身体各器官都会快速增长，这个阶段被称为生长突增。男性的生长突增高峰通常在 11 ～ 13 岁，女性的生长突增高峰通常在 9 ～ 11 岁。生长突增现象是人进入青春期的重要标志。在生长突增时期，男生长喉结、变声、身高快速增长，女生胸部发育、出现月经等。度过生长突增时期后，我们的生长速度会开始减缓，这是我们的身体趋于成熟的标志，在这一阶段我们要合理饮食，注意保持健康体重。

二、树立体态以健康自然为美的意识

　　进入青春期后，一些女生受到影视作品的影响，产生了身材焦虑，于是开始盲目减肥。影视作品是超脱现实的，不能直接作为现实生活的指导。

　　很多学生以瘦为美，把瘦当成判断好身材的标准，其实这是一种错误观念。一些同学盲目追求瘦身段，疯狂节食减肥，或许几个月后身体的确瘦了，却换来了营养不良的严重后果。再瘦的身材、再好看的服装，都比不上健康身体散发的天然美带给人的愉悦，人一旦失去健康，美也就无从谈起。现如今，随着健康美概念的提出，过瘦的身材已经过时了，现在更流行健康自然的体态。所谓健康自然体态，就是本身散发着青年人健康向上的特有魅力。

冬奥冠军谷爱凌在接受采访时曾表示：女生不要为了漂亮不吃饭。就是因为想要瘦和漂亮，三公里、五公里都跑不了，一点太阳都没有晒过，这不是漂亮，因为不是健康。美丽是有力量的，有自信和健康。所以，健康自然美才是我们最应该去追求的，让自己时刻处于健康、自信、美丽的状态下，这才是最好的状态。

三、了解导致消极体像认知的因素

体像，又称躯体意象，是一个复杂的心理概念，是指个体对自己身体的属性，如身高、体重、长相等的主观看法与态度。体像认知是

个体对自己身体的看法与态度。它不完全取决于身体的客观指标，而是涉及复杂的心理认知过程。

青少年心智发育并不成熟，容易被社会信息误导，影视作品中那些消瘦但光鲜亮丽的角色，很容易受到青春期少男少女的追捧，进而导致他们盲目地认为瘦是美的体现。一些广告和明星推崇名牌化妆品和大牌衣服鞋靴箱包，也会导致青少年滋生虚荣心，互相攀比美貌、化妆品、衣服、鞋子，过分追求外在，形成消极的体像认知。作为高中生，我们应该了解这些导致消极体像认知的因素，并着力避免这些因素对我们产生影响。

四、保持积极的体像认知

高中生都希望自己在他人眼中有良好形象，因此，通常会非常关注自己的外在形象，以此获得存在感。当自己在人际交往中遇到挫折的时候，很容易认为是自己不够漂亮/帅，是体像导致自己遭受挫折，产生对自己体像的负面评价。

其实，高中生应该对自我有一个客观的评价，多关注自己体像中的一些优势，不要将目光聚集在自己的不足之处。高中生应当树立正确的审美观，保持积极的体像认知：正确认识自己的外貌，干净得体是最重要的；转移注意力到学习等其他事情上去，找到和自己和平相处的方法；要从封闭的学习环境中走出去，开阔视野，接触更多与美相关的事物，明白真正的美是什么。参与更多有趣的课外活动，培养积极乐观的心态，以开放的心接纳不同的事物，锻炼自己，增强自己的文化内涵，这些做法都能帮助我们保持积极的体像认知。

第二节　青春期性健康

性健康是指具有性欲的人在躯体上、感情上、知识上、信念上、行为上和社会交往上健康的总和，它表现为积极健全的人格，丰富和成熟的人际交往，坦诚与坚贞的爱情和夫妻关系。青春期的性健康，对青少年未来的发展尤其重要。高中生要学会青春期保健，掌握青春期保健的基本知识和技能。

在青春期，我们的生理与心理都开始迅速发育。脑垂体前叶会分泌大量生长激素，促进蛋白质的合成和骨的生长，使得男女的身高、体重都迅速增长。甲状腺会分泌较多甲状腺激素，促进新陈代谢和中枢神经系统的发育，提高神经系统的兴奋性。男性的睾丸主要分泌雄性激素，女性的卵巢主要分泌雌性激素，这些性激素可以促进生殖器官的发育和第二性征的出现，也使我们对异性产生好感，容易产生性冲动。

处于青春期的学生出现性冲动属于正常的生理行为，千万不要因为这个而感觉自卑，但是一定要学会克制，尤其是女同学要学会自尊自爱自强，男同学要学会尊重女性。一定要避免发生性行为，婚前性行为没有法律保证，不存在夫妻之间应有的义务和责任。而且，性行为容易导致女性怀孕，过早怀孕对于女性的身体危害很大，而且早孕的难产率和死亡率也较高。大多数女学生早孕往往羞于启齿，常常自己随便找个小医院就去做人工流产手术，术后保养欠佳，往往会留下产后后遗症，严重的甚至导致终身不孕。

高中生除了了解这些知识外，还要了解性、爱情和婚姻的关系，并了解健康的婚恋观、婚育观，了解预防出生缺陷等方面的知识。

一、男女之间平等、关爱、相互尊重和支持。

好的爱情和婚姻里，除了男女之间的爱情，还有信任、支持和尊重。不幸福的爱情和婚姻生活，基本都有相似之处，每天上演宫斗剧，彼此争夺话语权，不是你让我三分，我让你七分，而是针尖对麦芒。这样慢慢地，会把彼此的感情消磨殆尽。好的感情和婚姻是

磨合出来的，两人在相处的过程中彼此关爱，相互平等，不一味地斤斤计较、一味地针锋相对，那么两人的感情就会愈来愈好，婚姻也会越来越幸福。

我们不管处在什么样的环境下，什么样的情感中，不管是亲情、友情，都要学会用宽容之心待人，用体己之心关爱人、用善良之心支持人。处于青春期的男生、女生，无论经济条件还是生理、心理的成熟度都无法满足走进婚姻生活的条件，但是我们应该先树立起正确的恋爱观、婚姻观。

二、爱情问题的基本处理原则

高中生要正确对待恋爱，正确处理好恋爱与学习之间的关系。恋爱是人生的一件大事，但并不是人生的全部。特别是高中生应以学业为重，升学才是高中生的主要目标。

恋爱动机的好坏，直接关系恋爱的成功与否。恋爱要端正动机。恋爱不是为了寻找刺激、安慰、解闷，更不是为了性满足。选择恋爱对象，彼此需要有共同的理想指向、共同的品德和情操。

恋爱一定是双向奔赴的，不要单方面地一味付出，当爱情里的付出和回报不成正比时，恋爱中的争吵便会接踵而至；恋爱中两个人最好的关系：一起相互督促，相互提高，为未来做好准备。

在恋爱中要避免出现控制恋人的占有欲。男生往往对于恋人有比较强烈的占有欲，认为女朋友就应该属于自己一个人，不允许和其他男生有交往，其实这是错误的。男生必须改正这一观点，正确看待恋爱中双方的关系，用自己的才华吸引对方。

三、婚姻和生育相关法律法规和政策

高中生即将成为成人，有必要了解一些婚姻、生育相关法律法规和政策。《中华人民共和国民法典》第五编是有关婚姻家庭的条款，其中讲到了我国是实行婚姻自由、一夫一妻、男女平等的婚姻制度；结婚应当男女双方完全自愿，禁止任何一方对另一方加以强迫或者任何组织、个人加以干涉；结婚年龄，男不得早于二十二周岁，女不得早于二十周岁；要求结婚的男女双方应当亲自到婚姻登记机关申请结婚登记。符合本法规定的，予以登记，发给结婚证；夫妻在婚姻家庭关系中地位平等；夫妻双方都有各自使用自己姓名的权利；夫妻双方都有参加生产、工作、学习和社会活动的自由，一方不得对另一方加以限制或者干涉；夫妻双方平等享有对未成年子女抚养、教育和保护的权利，共同承担对未成年子女抚养、教育和保护的义务。

《中华人民共和国民法典》中涉及的婚姻家庭的内容很多，以上只罗列了部分条款。学习这些知识，如果我们在生活中遇到相关问题时，就可以拿起法律的武器维护自身的合法权益。

四、树立文明健康的婚恋观、婚育观

高中生正处于价值观形成期间，要树立文明健康的婚恋观、婚育观。

恋爱是每个人在成长过程中的美好回忆。恋爱是由内至外的一种行为，一定要跟自己喜欢的人谈恋爱，这样才会有种触动的感觉。谈恋爱的时候，会在这件事上花费许多时间和精力，所以要能正确处理恋爱与学业的矛盾。恋爱虽然不会像婚姻那样，有法律和道德的保护和约束。但是，对待恋爱也要以严肃的态度去对待。要始终钟情于一个恋爱对象，不要三心二意，更不能同时交往多个恋爱对象。

现在不少影视剧对年轻人的婚育观产生了严重的负面影响，使很多人认为恋爱、结婚、生孩子已经不是他们人生的必选项。他们可能不谈恋爱，或者谈恋爱不结婚，结婚也不生孩子。这种观点也是错误的，人到了什么阶段就应该完成这个阶段的事情，学生时要好好学习认真读书，到了婚育的年龄就应该择偶、生育，否则就很可能错过了自己最好的择偶时期和生孩子时期。高中生要树立正确的婚恋观，也需要整个社会创造友好的环境，加大正确的婚嫁、生育、养育、教育的宣传力度，全社会形成夫妻平等、责任共担、合作共赢、幸福共享、和谐成长的环境氛围。

五、适龄生育对生殖健康和优生优育的影响

女性最佳生育年龄为 25 ～ 30 岁，在这个年龄段，女性的生育力

最充沛，孕妇难产的概率很小，女性产后身体比较容易恢复；男性最佳生育年龄为 25 ～ 35 岁，这个年龄段的男性精力旺盛，精子的质量最好。所以，在最佳生育年龄生育，对优生优育和身体健康都有好处。

20 岁以前，身体各个部位正处于发育期，很多的器官都没有发育完全，身体对于营养的需求还比较大。这个时候怀孕，胎儿发生先天性畸形的概率比较高，容易出现宫外孕，流产以及早产的概率更高，母婴的死亡率也比较高。

第三节　性侵害预防

性侵害指违背对方意愿，与其发生性接触或性行为，如强制猥亵、强行发生性关系及各种言语和行为上的性骚扰等。遭受性侵害的经历会给我们的身心健康带来极大的创伤，让我们变得恐惧、抑郁、焦虑，严重的还会自暴自弃，开始吸烟酗酒、滥用药物甚至轻生。因此，我们必须学习预防、应对性侵害的知识，尽量避免这类惨剧的发生。

性骚扰通常是指违背受害人意志，对受害人进行与性内容有关的语言、行为、文字、图像、电子信息、肢体接触等形式的骚扰。性侵害则是指以威胁、暴力、金钱、甜言蜜语，引诱或胁迫受害人与其发生性关系。

性骚扰和性侵害主要有以下形式：一为暴力型侵害，是指犯罪分子使用暴力或野蛮的手段，来实施骚扰或侵害，例如携带凶器进行暴力威胁；二为胁迫型侵害，是指利用自己的权势、地位、职务之便，对被害人进行不轨行为；三为社交型侵害，这类侵害事件多由熟人实施，会对受害人的身心造成极大的危害；四为诱惑型侵害，是指利用受害人追求享乐、贪图钱财的心理，诱惑受害人，再对其实施性骚扰或性侵害；五为滋扰型侵害，其主要表现形式为利用靠近女生的机会，有意识地接触女生的胸部，或者触摸女生大腿，或是用污秽的言语和下流的举动挑逗女生，这些都可以视为滋扰型侵害的表现。

大部分性侵害都不是临时起意，而是预谋已久。绝大部分性侵害案件发生在相对隐蔽的空间，如侵害者或被害人的家中、宿舍，或KTV 包间、酒店房间等。大量性侵害案件都涉及饮酒，侵害者往往会将被害人灌醉，或在被害人的饮料中使用迷药，让被害人失去反抗能力。因此，外出聚会时一定要控制好自己饮酒的量，最好不要饮酒，也不要与他人前往陌生区域。

绝大多数的性侵害都发生在熟人之间，侵害者很可能不是素未谋面的陌生人，而是我们的朋友、长辈、老师。不管是什么人，只要有人对我们的身体表现出异常的兴趣，违背我们的意愿，做出让人不舒服的行为，我们就一定要坚决制止他们，找机会逃脱，并去寻求警察的帮助。

高中生应该了解一些性侵害、性骚扰的预防知识，并学会识别容易发生性骚扰和性侵害的危险因素，学会自我保护和寻求帮助。

一、识别导致性骚扰和性侵害的危险因素

在日常生活中，我们应学会识别导致性骚扰和性侵害的危险因素。据统计，性侵害案件大多集中在夏季，高发时间段是晚上 7 点到第二天早晨的 6 点。这是由于夏季日照时间长，人们的夜生活时间延长，外出次数增加。加上天气炎热，人们穿的衣服比较单薄，裸露的身体部位较多，更容易遭到心怀不轨之人的关注。

此外，公共场所和僻静处也是性骚扰和性侵害的高发地域，经常有一些不法分子在车站、礼堂、影院等这些人多的公共场所，趁机行不轨之事。另外，如树林深处、楼顶晒台、公园假山等僻静之处最好也不要单独前往，以免给犯罪分子可乘之机。

二、学会自我保护和寻求帮助

如果遇到被性骚扰、性侵害的情况，要保持镇静，临危不惧。镇静可以保证自己临危不惧、临阵不乱，同时可以对罪犯起到震慑作用，使坏人感到你不是软弱可欺，还可以使你能仔细观察对方举动和周围环境，寻找呼救和脱逃机会。

选择适当机会和方式逃跑。机会是由自己创造的，例如可先假装同意，然后乘他脱衣，使尽全力将他推倒，及时逃跑，并在逃跑时继续呼救。如果不是在过于偏僻的地方，我们可以在确保自身安全的情况下，大声呼救，并尽量向人多的居民区、闹市区逃跑，寻求群众的帮助。如果被困在相对密闭的空间里，周围没有人可以帮忙，我们就

需要积极展开自救。

　　除了恶性性侵害、有预谋的性骚扰，大多数性侵害和性骚扰发生之前，一定会有各种方式的试探，对方可能会观察一下你的接受程度，比如，你会不会反抗，是不是会息事宁人。所以，你要明确自己的底线，在对方第一次做让你觉得不舒服的事情的时候，就坚定地拒绝。在坏人的眼里，你不拒绝就是默认，所以，一定要明确地拒绝任何让你觉得不舒服的事情，并保留拒绝的证据。

三、掌握预防性骚扰和性侵害的技能

　　预防性侵害，先要合理约束自己的行为。首先，在和异性交往时，应正确处理交往尺度，对于一些过分的举动，要明确自己的反对态度；其次，不要轻易地相信刚刚认识的朋友，更不要单独和不熟的人去陌生的地方；最后，尽量不在晚上出行，如果必须在夜晚时间外出，尽量结伴而行，不要到相对隐蔽的地方。

　　通常来说，独居的女性遭受性侵害的概率要相对高一些。如果我们一个人在外租房，或与女生朋友一同合租，在居家和外出时都要多注意。居家时，只晒女孩子的衣服会传递给犯罪分子女性独居的信息，增加被侵害的风险。我们可以假装家中有男性，同时晒一两件男性的衣物，或在门口放一双男士皮鞋。有些女生夏季晚上贪凉，喜欢打开门窗睡觉，这也给犯罪分子提供了可乘之机。即使在学校宿舍居住，也要在晚上休息时，关好门窗并确认反锁。

　　外出时，可以随身携带防身报警器，便于紧急情况下求援。不太建议女生携带防狼喷雾、刀具等杀伤性的防身工具，因为女生的身体力量相对较弱，这些工具很容易被犯罪分子夺去，反过来对我们自身伤害更大。

四、遇到性侵害，及时报警

在遇到性侵害时，在确保自身安全的情况下，我们可以尝试和施暴者进行谈判，想办法让对方暂停性侵行为。我们可以给对方讲国家对性侵害等犯罪行为的处罚，也可以劝说对方多考虑一些自己的家庭和未来。如果对方在我们的劝说下放松了警惕，那我们便可以采用合适的方法报警，寻求警察的帮助。

现实生活中，性侵害案件时有发生，我们没办法对这种事件做出预测，所以只能通过学习性侵害预防知识，多掌握一些性侵害预防的方法，从而更好地保护我们的人身安全。

第四节　珍爱生命

　　父母给予我们生命，辛辛苦苦把我们养育成人，我们肩负着赡养父母、报效祖国的重任。因此，我们要学会珍爱自己的生命，肩负起自己的责任。

　　《中华人民共和国民法典》中将生命权、身体权和健康权统称为生命健康权，也就是说我们的生命受法律保护，一旦生命安全受到威胁，要懂得运用法律武器保护自己。除此之外，学会正确对待挫折对于我们而言也至关重要。

　　大部分同学都在父母呵护下健康成长、努力学习，长大后在各行各业发光发热，为国家建设做出自己的贡献。但是，有一些同学因为原生家庭环境或其他原因，遇到一些挫折后，就有放弃生命的想法，甚至做出自残、自杀等行为。为了避免出现这些情况，我们每一个青少年都要树立正确的人生观和价值观，学会热爱生活，尊重和敬畏生命。

　　当我们遇到挫折，感觉沮丧、绝望时，一定要想想辛苦养育自己的父母，想想那些关心我们的朋友，想想为了建设祖国流血牺牲的革命先烈。每个人都会遇到挫折，面对生活中的挫折，我们不能逃避，要学会正视这种消极情绪，冷静思考如何解决这些问题。在遭遇挫折的时候，我们一定要时刻给予自己积极暗示，不要让自己陷入消极的情绪中。战胜挫折后的成就感，会让我们更加自信地生活。

当一个人有自伤或自杀倾向的时候，通常会不自觉地释放一些求救信号，常见的自杀信号主要表现为言语表达、情绪流露以及一些行为表现，有时还会伴随将珍贵的东西送人、与人告别、同家人朋友疏远等一系列行为。当我们接收到这些信号时，应及时对其进行劝诫和心理干预。如果觉得自己不能应对，就要及时与老师、父母进行沟通，让成年人早点介入其中。

在理解生命的价值，掌握了应对挫折的正确方法后，我们还应该去深入理解生命的意义，充分认识自己。

一、理解生命的周期及其意义

生命的周期是指人由出生到死亡经历的生命全程。人都会经历诞生、发育、成熟、衰老、死亡五个生命阶段。按照生理、社会性和心理特征，人的生命周期可具体分为：胎儿期、婴儿期、幼儿期、儿童期、青春期、青年期、成年期、老年期。整个周期，人的生理、思维、人格和社会发展都会变化，人在变化中要很好地认识自己，悦纳自己，珍视生命，热爱生活。

孔子说："立身行道，扬名于后世，以显父母，孝之终也。"我们或许做不到孔子说的这种程度，但也不能白来这个世界一趟，浑浑噩噩地度过一生。我们要在每一个生命阶段，都做好该做的事，确立正确的人生目标与理想，并持之以恒地为之努力。只有这样，我们的生命才会变得精彩。

二、客观认识自身的优势、劣势、兴趣

我们应该对自身的优势、劣势有一个明确的认知，知悉自己的兴趣，学会制定清晰的短期目标和长期目标。

人非圣贤，孰能无过，一个人有自己的优势，也会有劣势，我们要客观、理性地认识自己和他人的优势和劣势。我们对自己有一个正确、科学、合理的评估，既不狂妄自大，目中无人，而自信过度；也不妄自菲薄，暗自伤神，失掉自信。既要看到自己的优势和强项，同时也要看到自己的不足和短板，想方设法地改变和突破自己的认知局限，使得劣势变为优势，让自己更自信。认识自己的优势是一个人自信的开始，认识到自己的不足并尝试改变，是一个人走向成功的开始。

兴趣是心里对事物的喜好或关切情绪，具有倾向性，发生在物我之间，心理是作用力，外物或活动是吸引力，两两相互作用。兴趣对于一个人完成一件事是十分重要的。如果你对这件事有了兴趣，那么你便已经成功了一半，接下来的就是对这件事发自内心的努力。这不是强求的，而是自愿的，因为可以从这种努力中感受到快乐与满足。了解自己的兴趣，对自己大学报考专业和将来职业的选择都有正面的重要的影响。

三、提高把握机会、实现人生理想的能力

机会、理想和能力同等重要，但是能力一定要先于机会、理想，能力是可以提高的，是可以提前准备的。很多人觉得自己缺少的是机会，以为一旦有了机会就能得到自己想要的，其实不是的，你缺少的是能力，是因为你不具备那个能力，所以才没有机会。

高中生在面向高考的过程中，都可能遇到大大小小的机会，我们是否真的利用好了每一个小机会，让它们成为撬动大机会的杠杆？又是否真的具备了让机会主动找上门的能力呢？

机会永远都是留给有准备的人的。在机会来临之时，我们就要做好充足的准备。我们要摒弃守株待兔的思想，主动去争取机会，不要奢求"天上掉馅饼"这种事情的发生。只有提高了把握机会的能力，才可以更好地实现人生理想。

四、了解生命健康权及其法律意义

生命健康权是指自然人享有维持生命、维护生命安全利益、生理机能正常，维护健康利益的权利。《中华人民共和国民法典》规定，自然人的生命安全和生命尊严受法律保护，任何组织或者个人不得侵害他人的生命权。自然人的身心健康受法律保护，任何组织或者个人不得侵害他人的健康权。

生命健康权是享有其他一切权利的基础，是公民最根本的人身权利。维护生命健康权要注意平时积极锻炼身体，保持身心健康，患病时要及时就医。当生命健康受到威胁时，要依法自卫，运用法律武器维护自身权利。

任何人的生命都只有一次，生命的价值至高无上。我们要学会理解生命的价值和意义，珍爱生命，要用有限的生命去实现无限的价值，追求有意义的生活。

第三章
心理健康

第一节　社交与心理健康的关系

　　社交指在一定的心理活动下，两人或多人在生产及其他社会活动中发生的物质和精神层面的联系、交流和交换。社会适应是指个体能够适应自己所处的社会环境，并且能够满足社会对个体的要求。对人类来说，社交是一种必要的心理需求，社会适应是一种必需的能力。我们要学会满足自己的社交需求，提升自己的社会适应能力。

　　作为高中生，我们需要提高自己的社交能力和社会适应能力。具体来说，我们要客观认识和对待自己，理解自我认同和不同的社会角色，了解并养成亲社会行为。

　　社交的第一步往往都从对自己有一个清晰的认知开始，我们要了解自己的优缺点。在社交中，不因自己的优点而自负，也不因自己的缺点而自卑。与他人接触过程中，也可以触发对自我认识的一个更新，他人的一些评价可以让我们不断地认识自己。我们要将自己代入到社会角色中，站在客观的角度来认识自己，正确看待自己。

　　正确看待自己是一种自我认同。一个自我认同程度较高的人，通常可以理智地看待并接受自己和社会环境，保持积极向上、热爱生活的态度，向着自己的人生目标不断努力。在努力的过程中，他们会体验到自我价值的实现，感受到社会的认可。相反，那些缺乏自我认同感的人，往往会沉浸在悲叹、抱怨或悔恨之中，放弃自己的人生目标，在学习和工作中表现得消极、懈怠，最终只会遭遇接连不断的失败。

在理解自我认同之外，我们还要了解各种不同的社会角色。我们每个人都在社会中扮演着一个或多个角色，每个角色又体现着不同的权利和义务。例如学生享有受教育的权利，同时有遵守学生行为规范、努力学习的义务；教师享有进行教学活动获取工资报酬的权利，同时还担负着教书育人的义务。每个正当职业的从业者，都值得我们发自内心的尊重。对于治病救人的医生、保卫国家的军人、维护治安的警察等，我们应该感谢他们无私奉献的精神，把他们作为学习的榜样。

亲社会行为指有些事对我们自身并没有明显的好处但符合社会的需要，我们会在社会责任感的驱使下自觉地完成这些事，例如谦让他人、帮助他人、与他人分享利益、关心社会发展、维护公共秩序等。养成亲社会行为习惯，可以帮助我们树立职业道德意识和担当意识，让我们更好地适应未来的学习、工作和生活，为社会做出更多的贡献。

对于身处校园环境中的我们来说，亲社会行为就是与身边的同学和睦相处，当出现矛盾与分歧的时候，学会理解和包容。并且，我们还应该树立集体荣誉感，一颗水滴可能无足轻重，但是如果汇聚成江河湖海，就拥有了无穷的力量。生活在班集体中，我们应怀有集体利益高于个人利益的观念，一切以集体利益为重。只有掌握了这些人际交往的技能，养成合群且独立的健康人格，我们的社交能力和社会适应水平才能不断提高。

我们还应该了解社交与心理健康的关系，明白什么是社交中危害健康的行为，防范危害健康行为，拒绝不健康的行为，树立健康、合乎社会规范的异性交往观念。

一、社交中危害健康的行为

在社交中，我们要与那些危害健康的行为保持距离，抽烟、酗酒、蹦迪、夜不归宿……这些社交行为在有些人看来"很酷"，但对我们的成长却是非常有害的。在与人交往的过程中，我们要注意识别这些危害健康的行为，有些同学有吸烟、酗酒等不良行为，在交往中我们要注意防范，及时给予劝导，也要不断提醒自己不要沾染这些不良行为和习惯。

二、提高沟通协商能力，防范危害健康行为

面对身边同学朋友一些不健康的行为，我们要给自己敲响警钟，防患于未然的同时，也要提高自己的沟通协商能力，给对方积极的劝诚引导。在劝导朋友时，我们要晓之以理，动之以情，同时还要注意自己的态度和语气，不要居高临下地指责，而应该礼貌诚恳地劝说，这样才能取得更好的效果。

三、学会拒绝不健康的行为

如果一个人不擅长处理人际关系，长时间不与他人交流，那所有

的负面情绪就只能压抑在自己心中，这样很容易产生心理障碍。为了保持心理健康，我们要积极参与社交活动，与他人互相帮助，在社交过程中锻炼自己，提高沟通协商能力。当然，我们也要学会远离损友，拒绝那些不健康、不道德的社交行为。

拒绝别人是一门艺术，尤其是拒绝那些跟我们关系很好的朋友，一定要讲究方法。如果对方邀请我们从事不健康的社交行为，我们不想参加却又不好意思直接拒绝，那及时转移话题，或是提前准备一些拒绝别人的理由，这样就可以轻松结束当前对话。如果对方强制要求我们从事不健康行为，那我们就应该直截了当地拒绝对方。同时，我们也要在内心考量，这样的友谊是否还有必要继续维持。

四、树立健康的异性交往观念

每个人都会经历青春期，对异性产生朦胧的好感，我们应该正视自己的情感，不要觉得羞耻，不要自我封闭，也不必否认它的存在。高中阶段，虽然是禁止男女同学谈恋爱的，但还是鼓励男女同学间健康的异性交往。

我们在进行异性交往时，要避免产生对性别的刻板印象。男同学和女同学在性格、兴趣、思维等方面都有着各自的特点，加之与生俱来的生理性别差异带来的不同生活体验，都让男性与女性之间有着不同的特点。我们要理解差异，欣赏对方的优势，尊重差异，与对方友好地交往。

异性交往要把握好交往的尺度与距离。异性之间的友谊应是大方得体且纯洁美好的，所以我们在交往中把握好与异性之间的距离，保持自尊、自重，同时也要注意言语和行为的尺度，做到堂堂正正、落落大方。

在与异性的交往过程中，不可避免会萌发一些对异性朦胧的感情。这种感情可能是欣赏，也可能是向往，也可能是爱情的萌芽。这是一种正常现象，但我们需要认清友情和爱情的界限，同时在出现类似情感时要保持清醒的判断，慎重对待，理智处理，并且要注意自己的行为界限。

五、正确处理与异性交往中的各种问题

与异性交往时，可能出现这样那样的问题，我们一定要正面应对，不断提高自己与异性交往的能力。

在与异性交往时很拘谨。消除交往中的不自然是建立正常异性关系的前提。男女交往要自然，你可以像对待同性那样对待异性，像进行同性交往那样进行异性交往，这样会逐步消除拘谨。交往中也不宜过分严肃、冷淡，这样会伤害对方的自尊心，也会使人觉得你高傲无礼，对你望而生畏、敬而远之。

异性交往不应过分亲昵。过分拘谨固然令人难堪，但也不可过分随便，诸如嬉笑打闹、推搡拉扯应尽力避免。过分亲昵，会引起对方反感，容易造成不必要的误会。有些话题只能在同性之间交谈，有些玩笑不宜在异性面前乱开，这些都是需要注意的。

在与异性交往中不可过分卖弄。如果想卖弄自己见多识广而讲个不停，丝毫不给别人表达和说话的机会；或者在争辩中有理不让人，无理也要辩三分，都会使人反感。当然，在交谈中也不要只"嗯""啊"

地回应，这样也会使人感觉无趣。

与异性交往时，如果遇到自己无法应对的问题，要及时与家长、老师进行沟通，不要冲动行事，也不要相信网络或他人所传授的"好方法"。

第二节　做好进入高校学习或就业的准备

　　高中阶段是大学的预备阶段。在这个阶段,高中生的自我意识增强。他们有了比较清晰的自我意识,希望进一步了解周围的世界,也开始意识到独立的意义。高中生普遍具有强烈的个性,有更广阔的视野和很强的接受新事物的能力。高中生有一个共同的目标,那就是进入心目中理想的大学。

　　高考结束了,就意味着三年的高中准备阶段结束了。在得到成绩之后,我们就可以去报考大学,进入自己想要上的高等学府,去学习自己喜欢的专业,去自己想要去的地方。对于很多高中生来说,上大学是一个神圣的事情,也是他们不熟悉的事情。那么,我们在进入大学前其实就应该做好一些准备。

一、提高独立生活的能力

　　我们很多同学从小学、初中、高中,都是在家长的照顾下长大的,甚至除了家长之外,还有老师、学校来保护我们。但是,到了大学之后,老师就不会再像高中时一样每天催促我们学习，关照我们的生活。家长们也不可能随时随地都在我们身边，去看我们吃饭没有，穿的怎么样，住的怎么样，我们在大学期间都要自己一个人生活。所以，我们在高中一定要做好独立的准备，不要一味依赖父母。例如，去学校的过程中，我们要学会研究路线，自己购票，自己坐公交、坐地铁，学会收拾行李，学会自己去铺床、洗漱、洗衣服，和舍友交往，自己去买饭、购物等。

二、初步具备规划人生的能力

一个人的成长需要有人生规划。高中是一个人成长的关键时期，我们在这三年里，应该努力把握自我，从思考中确立自我，在挑战中超越自我，明确奋斗方向，初步规划自己的人生，为将来的事业奠定基础。

成功的人生规划，就在于扬长避短，最大限度地发挥自己的优势。规划自己人生的过程，其实也是一个进行选择的过程。而一旦做出了

路线选择，重要的还在于坚持到底。很多时候，我们发现去做人生规划比较容易，但实施起来会有一定的难度。这个时候，就需要我们学会坚持。当坚持达到一定的程度，成功就会悄悄来临。

在规划自己的人生时，我们要根据自己的爱好、特长、性情来确定自己的人生计划，并能够把长期计划和短期计划相结合，把计划变为现实。在高中三年的学习生活中，规划和把握人生，就是知与行不断超越，不断向新目标前进的过程。

三、根据未来规划自主学习相关课程和技能

我们每个人都应为自己未来的发展绘制出理想的蓝图。根据自我发展，我们要制定计划，规划好自己的人生，并按照计划一步一步实施。在进入高校后，我们不能被眼花缭乱的娱乐活动所迷惑，要始终把学习相关课程和技能作为自己的首要任务，只有这样我们才能一点点实现自己的目标。

四、职业规划和职业道德

高中生进行职业规划将成为未来的趋势。进行职业规划关键在于认识自己，知道自己想做什么，能做什么，可以做什么。高中生们应当学会探索职业规划，这其中包括评估自己的性格、兴趣、能力以及职业价值观等。对自我进行科学的全面分析，才能走好未来的人生道路。

在条件允许的情况下，进行一些有关职业的体验活动，这也是进行职业规划的好方法。我们可以通过学校组织的职业生涯规划实践活动亲自体验，明确自己将来的发展方向；也可以多参加一些职场人士的讲座，从他们的职业生活中发现、确定自己的喜好，同时规划自己

的未来职业。

　　当我们以后从学校走出来，踏入社会，就会被职业化，就需要履行职业道德。如果你选择了某种职业，就要切实地为这份职业考虑、切实地热爱自己的工作、切实地成为"配得上"这份职业在人们眼中地位和形象的人，使自己成为真正拥有社会责任感、履行自己职业道德的人，成为一名合格的工作者。

第三节　情绪与行为调控

人们通过情绪了解自身或他人的处境，并迅速作出反应，在自然界中得到更多生存和发展的机会。比如，我们对蛇虫比较恐惧，所以我们会远离它。进入现代社会后，人们的生活和社交方式发生了很大的改变，但情绪机制并没有发生太大的改变。在这种情况下，原始的情绪帮我们做出的决策往往已经不是最佳选择。这时我们就不能再任性而为，而是需要运用理智调控自己的行为。

作为高中生，我们应该掌握情绪与行为调控的知识。具体来说，我们要提高自我管理的能力，养成自主学习的习惯；了解压力和减轻压力的基本方法；学会识别积极与消极情绪，克服焦虑情绪；提高应对失败和挫折的能力，正确应对突发性负面事件；了解考试等特殊时期常见的心理问题与应对方法。

高中生情绪敏感，容易滋生叛逆心理。面对父母和老师的监督教导，大多数人会感觉受到拘束，感到自己"被管"，从而产生烦躁、厌学心理。为此，我们要正确看待外在条件的监督，做到自主学习，积极主动学习新知识，认真按时完成作业，将学习看作自己的本职任务，这样来自父母家长的监督就会转变为对我们的信任。

在学习的过程中，遇到问题，很多同学会产生畏难、厌学等负面情绪。遇到这种情况，我们可以先暂停几分钟，平复心情，然后再向老师或者同学请教，请他们帮忙解决这个问题。当问题得到解决之后，我们的负面情绪也就烟消云散了。所以说遇到问题并不可怕，我们应学会正确地看待学习中遇到的问题，并且学会对学习中出现的问题进行归因，不要被问题和其所带来的负面情绪打倒。只有这样，我们才能不断进步，并在考试中取得好成绩。

我们还应树立时间管理意识，科学高效地安排自己的学习活动，并合理安排自己的学习时间和休息时间。当代青少年受电子设备和网络荼毒严重，很多人沉迷于手机和电脑，荒废了大量的学习时间，以致很多家长都对电子设备抱有偏见。电子设备有利有弊，其不仅有丰富的娱乐功能，也具有辅助工作和学习的功能，而且适当的、有节制地玩电子游戏有益于放松身心。我们应科学合理地使用电子设备，为自己制定学习计划，控制上网时间，不要沉迷于网络游戏中。

我们还需要了解心理压力的产生原因及应对方法。心理压力实质上是人在某种刺激下所产生的一种应激状态。简单来说，当感知到某种刺激后，我们的心理就会产生一些变化来尝试适应这种刺激。如果这个刺激需要做出较大的努力去适应，或者超出了我们的适应能力，我们的心理就会出现一种紧张状态，这种状态就是压力。

适度的压力可以激发我们的潜力，帮助我们克服困难。但如果压力过大，就会形成强烈的消极情绪，影响我们的心理健康。面对消极情绪造成的心理压力时，我们需要掌握一些减轻压力的方法，比如找朋友倾诉一下，进行积极的自我暗示，参与体育锻炼或户外运动，吃一些自己喜欢的食物，洗个热水澡，好好睡一觉等。那些让身体放松、让大脑得到充分休息的方法，都有利于减轻或消除心理上的压力，让我们重新焕发活力。

每个人都会有焦虑情绪，当我们感受到压力时，焦虑情绪便会油然而生。适度的焦虑能够让我们更好地面对压力事件，但长期焦虑却会影响我们的身心健康。有焦虑情绪的时候，先要保持放松，避免过度思考，卷入情绪旋涡。我们可以喝点牛奶、做些运动、听听音乐，放松身体，降低焦虑感。最后，我们要做好准备，积极行动起来，这样才能战胜焦虑。

我们除了要了解情绪与行为调控知识，还要理解竞争的积极意义，学会公平竞争，同时还要正确认识和对待童年期的不良经历，增强自我调节能力。

一、竞争无处不在

现代社会中，竞争无处不在。我们作为学生，所面临的竞争也是多种多样的。最主要的竞争表现在学习成绩方面，学习成绩的好坏虽然不会决定我们的人生，但却是一种衡量我们学习表现的有效方法。在学习成绩之外、竞赛之中更是无处不有竞争，在体育比赛中争取第一，在知识竞赛中争夺头名，我们需要与同学们在公平的环境下竞争这些荣誉。

二、了解竞争的利与弊，认同良性竞争的作用和意义

一方面，竞争有利于提高自身的学习动力，可以提升个人的学习效率，推动技术的进步和社会的发展；另一方面，竞争也会使有些同

学骄傲自大，使有些同学自卑焦虑，产生猜疑、忌妒、怨恨等负面情绪。

竞争是一把双刃剑，有的人通过竞争实现了人生价值，改变了自己的人生，也改变了整个世界；有的人在竞争中不择手段，为了获取利益，伤害他人。对于处在高中阶段的我们来说，竞争心是要有的，但却不必太重。良性的竞争能够促进良好学习氛围的形成，可以让我们和身边的同学一同进步。我们要认同良性竞争，并推崇良性竞争。

三、积极参与竞争，学会公平竞争

我们要用积极向上的态度、公平合理的方法参与竞争，做到胜不骄，败不馁，追求竞争的积极意义，避免因为负面情绪进行恶性竞争。在竞争时，不拉踩他人，不对他人抱有恶意，公平公正，遵守竞争规则，积极参与竞争，不退缩，也不可以激进。

四、适度的压力可提高效率

参与竞争会给我们带来压力。如果觉得自己可以适应这些压力，那就要积极参加到竞争之中，并将这些适度的压力转化为动力。适度的压力有助于我们增强完成目标的决心，督促我们自律，使我们不敢懈怠，从而更加努力地学习。在这个过程中，我们可以了解自己的不足，完善自己，积极完成学习任务，解决各类生活问题。

五、童年期不良经历对健康的影响

儿童期不良经历指的是个体在未成年之前所遭受的情感虐待、躯体虐待、性虐待、情感忽视、躯体忽视，或生长在酗酒者、吸毒者、精神疾病患者、自杀者、母亲受虐及有犯罪成员的家庭之中。

童年时期被忽视、被虐待的经历，往往会在一个人心中留下一段难以抹除的创伤性记忆，很容易让人变得自卑、暴躁，严重的甚至会形成反社会人格。童年期的不良经历会对儿童的健康造成较大影响。在生活习惯方面，这些孩子有较高风险沾染抽烟、喝酒、吸毒行为；在身体健康方面，这些孩子有较高风险身患癌症、糖尿病、心脏病或呼吸道疾病；在心理健康方面，这些孩子有较高风险出现焦虑、抑郁、学习能力差、注意力不集中等问题。

六、增强心理弹性，健康成长

心理弹性指个体对外界环境变化在心理及行为上的反应状态，我们可以将其看作心理承受能力和自我调节能力的集合。心理弹性较好的人，在遇到困难挫折时，不焦虑不气馁，具有解决问题的勇气和信心。当产生不良情绪时，也能够拥有自我调整的能力。

　　在日常生活中，我们要增强自己的心理弹性，在自我认同的基础上，不断提高自己应对挫折与失败的能力，遇到困难不抱怨、不焦虑，慢慢进行自我疗愈，这样在一次两次失败之后，我们的心理弹性便会明显增强。

第四节　心理问题与援助支持

心理问题是指正常心理活动中的局部异常状态。心理问题具有明显的偶发性和暂时性，通常由一定的情景诱发，脱离该情景后，人的心理活动就会恢复正常。心理问题与心理疾病不同，不存在心理状态的病理性变化。但如果长期处于诱发心理问题的场景中，患上心理疾病的概率也会大大增加。

当我们遇到心理问题时，不应该独自承受，而是要向他们进行求助。当我们的心理出现任何不适时，我们都可以主动向亲近的人倾诉。如果心中负能量过多，却又得不到及时的排解，很容易诱发一系列心理疾病。如果真的出现了心理疾病的症状，不要慌张，主动告知父母，在家人陪同下，及时到专业的机构进行检测。如果最终确诊了相关心理疾病，也不要害怕，要遵循医生的指导，积极乐观地接受治疗即可。

进入高中后，我们的学习环境等发生了很大的变化，所以我们要适应高中生活的变化，否则学习和生活就会出现问题，进而影响到自己的情绪和心理。进入高中后，我们也要提高面对校园欺凌和校园暴力的心理调适能力，并积极预防焦虑、抑郁。

一、适应高中生活

1. 理性看待高中生活的变化

高中生活是丰富多彩的，有欢乐，也有压力。在高中阶段，我们可以结识到新的朋友，学习到新的知识，但同时也面临着新的学习任务、新的课业压力。如何平衡欢乐和压力，是每一个高中生都应该关注的问题。

高中生活更强调独立自主。这对于一些从小便依赖父母的孩子来说是一个不小的挑战，但挑战背后也往往蕴藏着机遇。高中阶段我们只要迈出独立自主的一小步，就会收获到许多不同以往的经验与快乐，这将会为我们的大学生活打下坚实基础。

2. 提高适应高中生活的能力

要快速适应高中生活，在高一的时候就要加速适应的进程，主动适应新环境。对于老师、同学、舍友要以诚相待，相互尊重；多为班集体、宿舍做一些力所能及的事情，这样有助于尽快适应新环境。通过中考的选拔进入高中的学生，都是初中成绩优异的学生。所有的学生重新站在同一个起点上，这个时候就要一切归零，重新进行自我定位。

高中生活作息严苛，学习节奏快，课题任务繁重，生活规律而枯燥，因此我们要学着适应高中生活的各类挑战。不少学生选择住校，其中一些学生因学习压力会和室友发生摩擦冲突，这都是正常现象。面对繁重的课业压力，制定学习计划并严格执行，才能更好地适应高中生活。

二、提高面对校园欺凌、校园暴力的心理调适能力

1. 校园欺凌和校园暴力及其危害

校园欺凌是指发生在学生之间，一方蓄意或者恶意通过肢体、语言及网络等手段实施欺压、侮辱，造成另一方人身伤害、财产损失或者精神损害的行为。校园欺凌的施害者和受害者既可能是学生也可能是教职员工，另外施害者还可能是对上学途中的学生实施暴力的其他人员。

校园欺凌是一种不正之风，其不仅影响了学生的正常学习，还对学生的心理健康造成了很大伤害，甚至扭曲了部分学生的性格。

被欺凌者因情绪紧张焦虑，上课时注意力不能集中，学习成绩不断下降，不愿上学；还可能会变得胆怯、畏缩、自卑、孤僻，严重者可能造成人格障碍。欺凌者可能会形成骄横跋扈、恃强凌弱等不良人格特点，表现出固执、偏执、狭隘及易怒的倾向，并且形成错误认知，导致性格的畸形发展，因惯性走向犯罪。

校园欺凌也会影响到其他学生，比如引起学生效仿。旁观者容易迷失方向，缺乏辨别能力，出现心理健康问题。频繁发生校园欺凌行为，还会使学生产生不安全感，影响他们在学校的学习和生活。

校园暴力是指在教室内外、学校周边、上下学途中、网络上发生的，以及在其他所有与校园环境有关的情境下发生的暴力行为。校园暴力可分为：学生之间的暴力、师生之间的暴力、校外人员与校内师生之间的暴力。按照表现形式，校园暴力可分为：身体暴力、心理暴力、言语暴力、性暴力以及欺凌。

校园暴力的危害很大，它会使被欺负者产生消极的自我概念或自我认知，自尊较低，缺乏自信；严重影响学生的正常生活和学习；不利于学生的健康成长；容易导致违法犯罪的行为。

2. 正确应对校园欺凌和校园暴力，并进行自我心理调适

在面对校园欺凌和校园暴力时，我们要在保证自身安全的情况下主动抗争。如果自己一人无法解决问题，那就请求老师和家长介入其中，帮助自己摆脱校园欺凌和校园暴力。

在摆脱校园欺凌后，适时进行心理调适是很有必要的。很多看似从校园欺凌阴影中走出来的孩子，内心深处依然在备受煎熬。如果发现我们身边有同学没有走出校园欺凌和校园暴力的阴影，我们可以主动伸出援手，帮助他们早日驱散内心的阴霾。但相比于他人的帮助，提升自己的心理调适能力，是一种更为有效的自我保护方法。锻炼强

大的内心，对于自己的人生发展也具有重要意义。

3. 遇到校园欺凌或校园暴力，及时寻求帮助

除了适应校园生活之外，我们还要提高对校园欺凌、校园暴力的识别能力和心理调节能力。遇到校园欺凌和校园暴力，要及时寻求老师、家长和学校的帮助。发现其他同学遭遇到校园欺凌时，也要在保护好自己的情况下，帮助同学摆脱校园欺凌。

当我们遭受校园欺凌或校园暴力，应寻求心理援助。校园欺凌或校园暴力对青少年学生造成的伤害不只肉体上的创伤，更是心灵的伤害。如果这些心理冲击得不到及时干预和治疗，伤害会影响人的终生。向老师或者心理医生寻求心理援助，一般在危机事件发生后数周内进行比较合适，不宜拖延太久。

三、识别并预防焦虑、抑郁

1. 焦虑、抑郁的外在表现

焦虑是指个人对即将来临的、可能会造成的危险或威胁所产生的紧张、不安、忧虑、烦恼等不愉快的复杂情绪状态。容易焦虑的人，往往遇上一点儿小挫折，有一点儿心理压力，就会产生严重的焦虑，注意力难以集中，无法正常完成工作和学习。有些还会出现生理上的不适，如口干、心悸、出虚汗、难以入眠、咽喉有异物感等。即使某些事发生的可能性很低或者完全不可能发生，他们也会过分地担忧，并经常怨天尤人、自哀自怜。

抑郁主要包括情绪持续低落闷闷不乐，思维能力变迟缓，意志活动方面会出现不想动、兴趣减退、不愿意和人说话、慵懒乏力，认知

功能方面会出现极端的负面消极思维。容易抑郁的人，总是对所有事物都提不起兴趣，每天郁郁寡欢。他们把亲情、友情都看得非常淡漠，觉得没有人理解自己，不愿与人交流，平时的语言、动作都很少，这通常会导致他们的人际关系变得紧张。一旦遇到一点儿挫折，不论实际上是什么原因，他们总会把责任归结为自己的无能，对自己的评价非常低。

2. 造成焦虑、抑郁的主观和客观原因

焦虑是我们对某些事物未来可能出现的严重恶化趋势所产生的负面情感反映。对一般人来说，有 50% 以上不确定的未来事件，就容易产生焦虑。当我们面对这种情况时，会因为担心不能达到目标、不能克服障碍，变得心烦意乱，坐立不安，这其实是一种正常的心理现象。

过度追求完美也容易引起焦虑。很多完美主义者会给自己定下过

高的标准或目标，为了实现自己的目的会不择手段、不顾后果。他们不仅疯狂压榨自己的时间和精力，还喜欢把自己的意志强加给别人。这种做法往往会导致亲人、朋友疏远他们，而他们会认为亲人、朋友不理解自己，变得更加执拗。一旦失败，他们就会变得焦虑。

抑郁的发生与许多因素有关，主观原因有性格和内分泌等，客观原因有遗传和社会环境因素。性格内向、自卑、多愁善感、过于严谨、追求完美，这类人做事太认真、自尊心强，一旦失败或者受到挫折，就很容易抑郁；女性在月经前后、分娩前后和更年期，激素水平发生变化，也很容易出现抑郁。家庭中有抑郁症患者的，产生抑郁的概率高很多倍；生活压力大、学习升学压力大、身体不健康，都可能会导致抑郁。

3. 焦虑症和抑郁症治疗

焦虑症和抑郁症是医学意义上的心理疾病，是一种需要药物治疗的心理疾病，可以通过辅助治疗手段，比如心理疏导、体育锻炼等进行改善，但同时也离不开药物的治疗。

为了预防焦虑抑郁，我们应该养成良好的生活习惯，多交朋友，通过运动或倾诉的方式宣泄消极情绪。如果已经形成焦虑症和抑郁症，就需要找专业的心理医生，通过心理和药物共同作用治疗。

第四章
传染病预防与突发公共卫生事件应对

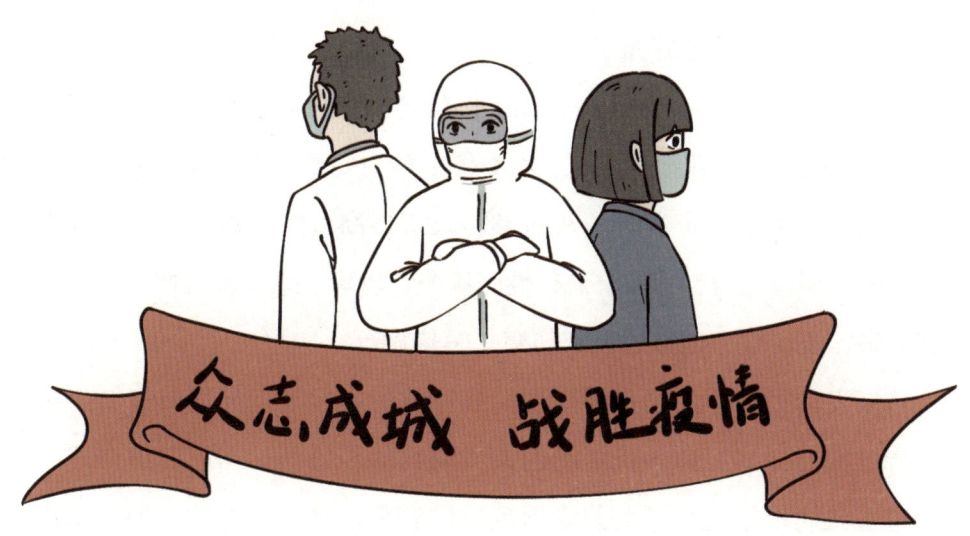

众志成城 战胜疫情

第一节　传染病基础知识

　　传染病是指由各种病原体引起的，能在人与人、动物与动物或人与动物之间相互传播的一类疾病。恶性传染病的流行、暴发不仅会威胁我们的身体健康，还会严重影响社会的经济发展和政治稳定。知己知彼，百战不殆。为了更好地预防、控制和消灭传染病，我们必须先了解一些传染病的基础知识。

　　《中华人民共和国传染病防治法》将传染病分为甲类、乙类和丙类，甲类传染病主要指鼠疫和霍乱；乙类传染病主要指传染性非典型肺炎、艾滋病、病毒性肝炎、脊髓灰质炎、人感染高致病性禽流感等；丙类传染病主要指流行性感冒、流行性腮腺炎、风疹、急性出血性结膜炎、麻风病、流行性和地方性斑疹伤寒、黑热病等。

　　新发传染病指的是由新出现的病原体，或经过变异而具有新生物学特性的已知病原体，所引起的人或动物的传染病。当前肆虐全球的新型冠状病毒就是一种此前未出现过的病毒，其所引发的新型冠状病毒肺炎就是一种"新发传染病"。再发传染病指的是那些早就为人所知，并已得到良好控制，但现在却又重新流行，再度威胁人类健康的传染病。

结核病、狂犬病、疟疾等都属于"再发传染病"。

　　在日常生活中，常见的传染病有细菌性痢疾、甲型病毒性肝炎等消化道传染病，肺结核、非典型肺炎、甲型 H1N1 等呼吸道传染病，艾滋病、淋病等血液及性接触传染病和出血热、狂犬病等病媒生物性传染病。当携带病原体的昆虫叮咬人体，或人吃下带病原体的昆虫污染过的饮食，病原体就会趁机侵入人体，引发虫媒传染病。目前虫媒传染病远距离传播的情况已经越来越常见，其流行的风险越来越大。虽然虫媒传染病在我国传染病病例总数中所占的比例并不高，但是其死亡率却比较高。

　　人感染传染病后，常常会出现发热症状。人体有体温调节机制，人体的温度感受器接受体内外环境温度的刺激，通过体温调节中枢的活动，相应地引起内分泌腺、骨骼肌、皮肤血管和汗腺等组织器官活动的改变，从而调整机体的产热和散热过程，使体温保持在相对恒定的水平。

　　当体温超过正常值（37.2 度）就称之为发热，发热只是一个症状。引起发热的原因很多，根据病因可以分为感染性发热和非感染性发热。感染性发热是由于各种病原菌感染导致的，比如细菌、病毒、支原体、衣原体等。非感染性发热主要由一些疾病导致，例如恶性肿瘤（如白血病、肺癌、结肠癌、肝癌等）、再生障碍性贫血，急性心肌梗死、手术等。一旦出现发热，要到医院进行相关检查，明确发热的原因，根据病因不同给予针对性的治疗。

在新型冠状病毒肺炎疫情期间，我们要经常测量体温。如果发现自己有发热症状，不要擅自购药服药，要尽快到医院就诊、排查、治疗。就医途中不乘坐公共交通工具，并且要佩戴好口罩。新型冠状病毒肺炎与流感等呼吸道疾病的一些症状相似，但是它们是由不同的病原体所引起的。我们当前对新型冠状病毒肺炎的了解还不够多，所以在预防上主要是以切断其传播途径为主。在面对流感时，我们可以接种流感疫苗来达到预防的效果。

接种疫苗是控制、消灭传染病最有效的措施之一。人类第一次使用疫苗是为了对抗天花，1980 年，世界卫生组织宣布在全球范围内消灭了天花病毒。在中华人民共和国成立初期就开展过接种牛痘疫苗运动，而后还开展了接种霍乱疫苗、鼠疫疫苗的工作，这些举措在很大程度上控制住了霍乱、鼠疫等急性传染病的传播。

除了这些传染病知识之外，我们还需要了解国家的免疫规划政策与流程。

一、我国免疫规划的政策

免疫是生物体识别与排除外来的和内在的病原体，维持机体相对稳定的一种生理功能。根据获得方式的不同，免疫可以分为先天免疫和后天免疫。

传染病患者痊愈后，较长时间内不会再被同一种病原体感染，就是一种典型的后天免疫。不过不同的传染病，病后免疫的状态也有所不同，有一些传染病，患者痊愈后可终身免疫；也有一些传染病，患者痊愈一段时间后可能会再次感染。

计划免疫和免疫规划这两个概念很容易混淆。计划免疫是指根据人群的免疫状况、传染病的流行情况、疫苗的性能和免疫期限，科学地安排接种对象和时间，有计划地进行预防接种；免疫规划可以看作计划免疫的进一步完善和发展。国家一方面不断将安全有效的疫苗纳入免疫规划，另一方面不断扩大预防接种的受益人群。

我国免疫规划政策：居住在中国境内的居民，依法享有接种免疫规划疫苗的权利，履行接种免疫规划疫苗的义务。政府免费向居民提供免疫规划疫苗。县级以上人民政府及其有关部门应当保障适龄儿童接种免疫规划疫苗。监护人应当依法保证适龄儿童按时接种免疫规划疫苗。国家对儿童实行预防接种证制度。为了控制疫苗可预防的传染病的流行，保护您孩子的身体健康，维护学校或托幼机构的正常教学

秩序，适龄儿童入托、入学前，学校或幼儿园要进行查验预防接种证，其监护人必须出示"儿童预防接种证"。对没有儿童预防接种证或没有完成国家免疫规划疫苗接种的，必须在入学前到预防接种机构补证、补种。

二、我国免疫规划的流程和作用

依据《国家免疫规划疫苗儿童免疫程序及说明（2021年版）》，我国目前共有11种免疫规划疫苗，分别是：乙肝疫苗、卡介苗、脊髓灰质炎灭活疫苗、脊灰减毒活疫苗、百白破疫苗、白破疫苗、麻腮风疫苗、乙脑减毒活疫苗、A群流脑疫苗、A+C群流脑疫苗、甲肝疫苗。

根据《国家免疫规划疫苗儿童免疫程序及说明（2021年版）》规定，儿童年龄达到相应剂次疫苗接种年龄时，应尽早接种。建议在以下推荐的年龄之前完成国家免疫规划疫苗相应剂次的接种：乙肝疫苗第1剂，出生后24小时内完成；卡介苗，小于3月龄完成；A群流脑多糖疫苗第2剂，小于18月龄完成……如果儿童未按照上述推荐年龄及时完成接种，应该根据补种通用原则和每种疫苗的具体补种要求尽早进行补种。

在我国卫生健康事业中，免疫规划工作是成效显著、影响广泛的工作之一。它作为预防、控制乃至消灭可预防传染病的有效手段，为人民健康竖起一道道屏障，创造了突出的经济效益和持久的社会效益，保护人民群众免受多种疾病的危害。

第二节　了解和预防艾滋病

艾滋病又称获得性免疫缺陷综合征（AIDS），是由人类免疫缺陷病毒（HIV）感染引起的一种危害极大的传染病。人类免疫缺陷病毒会把人体免疫系统中最重要的 CD4+T 淋巴细胞作为主要攻击目标，大量破坏这种细胞，使人体系统功能受损乃至缺失。因此，艾滋病病人更容易被各种病菌感染，患上癌症的概率也更高。

艾滋病通常要经历三个时期：急性感染期，无症状 HIV 感染期，艾滋病期。在感染艾滋病初期，症状较轻微，往往会忽略，导致误治。有大约 70% 感染者在感染后出现类似流感症状，出现发热、咽痛、肌肉疼痛、关节痛、腹泻、盗汗、消瘦、全身淋巴结肿大、皮肤斑丘疹、荨麻疹等，两周左右恢复正常。而且在这一时期，艾滋病病毒抗体的检测是阴性的，这就是所谓的"窗口"。

艾滋病的"无症状 HIV 感染期"，也称潜伏期，最常见的症状是容易感冒，易疲劳，口腔黏膜的溃疡或糜烂，浅表淋巴结肿大等。

进入艾滋病期，最常见的症状主要表现为颈部、腋下、腹股沟等处的全身淋巴结肿大，持续发热、乏力、盗汗；持续 3 个月以上的

38℃以上的发热；长期咳嗽、胸痛、呼吸困难、严重时痰中带血；体重减轻、食欲下降、厌食、恶心、呕吐、腹泻、便血；头晕、头痛、反应迟钝、智力减退、精神异常、抽搐、偏瘫、痴呆等；单纯疱疹、带状疱疹、口腔和咽部黏膜溃烂、湿疹等。

艾滋病主要有三种传播途径：性传播、血液传播、母婴传播。预防艾滋病的关键，就是切断这些传播途径。从切断艾滋病传播途径的角度来说，预防艾滋病传播主要有以下几种方法：对孕期产妇做好艾滋病监测；输液时要注意针头卫生；献血要到正规献血部门；远离毒品；避免使用不卫生的针头；避免不洁的性生活。

艾滋病虽然具有传染性，但是正常社交并不会感染艾滋病。正常的谈话、礼节性的握手、使用公用餐具、共用卫生间、打喷嚏等行为，均不会传染艾滋病。正规献血会被传染艾滋病更是一大误区。现在正规的献血使用的都是一次性血袋、采血针，没有感染艾滋病的风险。

除了了解这些知识，我们还要了解可能感染艾滋病病毒的危险行为，国家防控艾滋病的政策、法律法规，关爱艾滋病人和感染者的相关知识。

一、可能感染艾滋病的危险行为

静脉注射吸毒是感染艾滋病的高危行为。因为吸毒有成瘾性，不受控制，有时候可能多人共用一个注射器，会让血液产生交换，有可能将艾滋病毒带入体内。

性伴侣较多，无保护的不洁性生活，同性之间的性行为，特别是男男性行为，是传播艾滋病的高危险行为。

其他可以引起血液传染的途径，如美容、文身、扎耳洞等用的刀具不消毒，与他人共用刮脸刀、电动剃须刀、牙刷，体育运动外伤和打架斗殴引起的流血，救护伤员时救护者破损的皮肤接触已感染艾滋病伤员的血液，这些也有可能感染艾滋病。

二、我国的艾滋病防控政策及法律法规

近年来，随着世界各国加大对预防艾滋病的宣传，艾滋病在全球范围内的传播速度有减缓趋势，但整体形势依然不容乐观。在一些地区，由于社会动荡、毒品泛滥等因素给艾滋病传播以"可乘之机"。

党中央、国务院高度重视艾滋病防控工作，国务院先后颁布了《艾滋病防治条例》、印发了《关于切实加强艾滋病防治工作的通知》《关于进一步加强艾滋病防治工作的通知》等文件，并且发布了《中国预防与控制艾滋病中长期规划（1998—2010 年）》《中国遏制与防治艾滋病行动计划（2001—2005）》《中国遏制与防治艾滋病行动计划（2006—2010）》《中国遏制与防治艾滋病"十二五"行动计划》《中国遏制与防治艾滋病"十三五"行动计划》等。

为预防、控制艾滋病的发生与流行，保障人民群众的健康，我国有关部门制定了"四免一关怀"政策和"五扩大六加强"政策，是当前与今后我国艾滋病防治最为有力的政策措施。

"四免"主要指对农村居民和城镇未参加基本医疗保险等医疗保障制度的经济困难人员中的艾滋病病人免费提供抗病毒治疗药物；实施免费自愿咨询检测；对艾滋病患者的孤儿实行免费上学；对艾滋病孕妇实施免费艾滋病咨询、筛查和抗病毒药物治疗，减少母婴传播。"一

关怀"主要指将生活困难的艾滋病患者纳入政府救助范围，按国家有关规定给予必要的生活救济，并积极扶持有生产能力的艾滋病患者参加生产活动。

"五扩大"是指扩大宣传教育覆盖面，营造良好的社会氛围；扩大监测检测覆盖面，最大限度发现艾滋病感染者；扩大预防母婴传播覆盖面，有效减少新生儿感染；扩大综合干预覆盖面，减少艾滋病病毒传播几率；扩大抗病毒治疗覆盖面，提高治疗水平和可及性。"六加强"是加强血液管理，保障临床用血安全；加强医疗保障，减轻艾滋病病毒感染者和病人医疗负担；加强关怀救助，提高艾滋病病毒感染者和病人生活质量；加强权益保护，促进社会和谐；加强组织领导，落实工作职责；加强防治队伍建设，提高工作积极性。

三、关爱艾滋病病人和感染者

接纳、关爱艾滋病病人和感染者，应该从身体与心理两个方面进行：

在身体方面，国家现在针对艾滋病患者抗病毒药物及定期必要体检均免费，极大地提高了艾滋病患者的生活质量、延长了他们的寿命。

在心理方面，我们在日常生活中不能歧视艾滋病病人和感染者，要关心、关爱他们的生活、工作，努力让他们融入社会中，要主动与艾滋病患者交谈、握手、进餐，减少周围人的恐艾情绪。

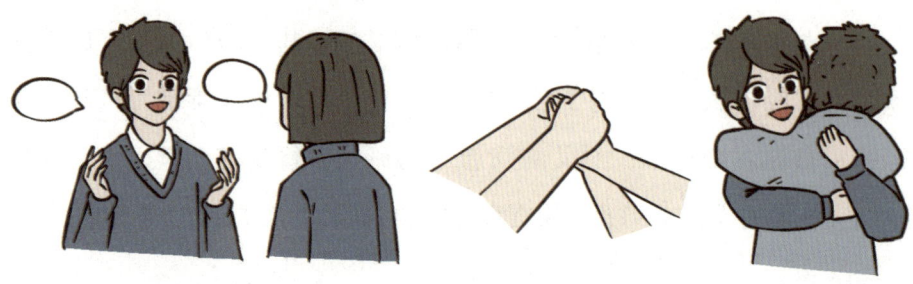

　　在和艾滋病病人和感染者沟通时，尊重他们的人格，维护他们的隐私，遵循四不原则：做到无关人员不问、不说、不传、不歧视的原则；要根据生活环境、教育程度、职业以及人格、性格的不同特点，掌握他们的心理变化，精神上给予同情，耐心疏导和听取诉说。艾滋病病人和感染者大都多愁善感，需要我们多进行开导，减轻其心理负担。

第三节　了解生物安全

生物安全是指生物的正常生存、发展以及人类的生命和健康不受人类开发利用活动侵害和损害的状态。生物安全，简单来说，就是与生物有关的危害和风险，以及预防的应对措施。生物威胁不仅包括新型病毒等未知威胁，还包括长期困扰人类的各种已知威胁，其中一些对人类存续和安全构成了严重挑战。

重大新突发传染病、动植物疫情、外来生物入侵、生物遗传资源和人类遗传资源的流失、实验室生物安全、微生物耐药性、生物恐怖袭击、生物武器威胁等，都属于生物安全的范畴。

生物安全不仅仅包含着以人为中心的安全问题，同时也包含着各类动植物物种生存不受威胁的状态。例如，区域性物种入侵、动物和植物物种灭绝等，既属于生物安全的范畴，也可归于生态安全的范畴，任何一种安全被打破，最终也都将波及人类的生存发展。

生物安全也是国家安全的重要组成部分，与国家安全的其他领域相互渗透、相互作用、相互影响、相互传导，对国家经济社会发展的影响具有战略性、全域性特点，没有生物安全就没有国家安全。2021

年4月15日，《中华人民共和国生物安全法》(以下简称《生物安全法》)正式施行，《生物安全法》明确规定，生物安全信息属于国家秘密的，应当依照《中华人民共和国保守国家秘密法》和国家其他有关保密规定实施保密管理。任何境外组织、个人及其设立或者实际控制的机构不得在我国境内采集、保藏我国人类遗传资源，不得向境外提供我国人类遗传资源。

随着全球一体化进程不断深入，国际贸易运输升级发展大幅攀升，地域性外来物种入侵危害也愈发严重。近些年来，由于城镇开发区建设、毁林和垦荒、过度放牧、围垦造田、环境污染等人为因素加剧，我国生物物种的生存环境遭到严重破坏，物种资源急剧减少。一些经济效益低的品种逐渐被高产品种取代，许多拥有重要基因资源的品种遭到淘汰，甚至永远消失。面对日益严峻的物种资源丧失、外来物种入侵形势，我们要了解相关知识。

一、防范物种资源丧失，了解禁止携带出境清单

我国生物物种资源的流失在鸦片战争前后就已经出现，当时西方的商人、传教士和外交使团成员在我国大范围收集动植物标本，并且进行了植物引种。据不完全统计，英国、美国为首的西方国家在1949年以前，从我国搜刮携带出境上几千种植物，并且进行了引种，其中包括林木、花卉、药用植物等。为了防止"生物海盗"的窃取，防范物种资源丧失，我国加大了对生物资源出境的管理，严禁任何人擅自将国内重要的生物资源和遗传材料带至国外。

根据《中华人民共和国禁止进出境物品表》规定，禁止携带出境

的物品主要有以下几类：

1. 列入禁止进境范围的所有物品；

2. 内容涉及国家秘密的手稿、印刷品、胶卷、照片、唱片、影片、录音带、录像带、激光视盘、计算机存储介质及其他物品；

3. 珍贵文物及其他禁止出境的文体；

4. 濒危的和珍贵的动物、植物（均含标本）及其种子和繁殖材料。

将濒危的和珍贵的动物、植物及其种子和繁殖材料列入禁止出境清单，主要是为了防范我国物种资源丧失，保护生物资源和生态环境。

二、能够基于防范物种清单，防范外来物种入侵

近年来，我国有关部门在国境口岸调运的产品、包装物和各类材料，以及游客所携带的物品中，经常会截获大量有害物种。如果放任这些外来物种入侵，将会严重危害国内的社会经济安全。为此，海关对发现的进出境和过境生物安全风险，应当依法处置，经评估为生物安全高风险的人员、运输工具、货物、物品等，应当从指定的国境口岸进境，并采取严格的风险防控措施。

2022 年 8 月 1 日起，由农业农村部、自然资源部、生态环境部、

海关总署联合发布的《外来入侵物种管理办法》（以下简称《办法》）施行，提出了防止外来入侵物种的三道防线：源头预防，监测预警和治理修复。源头预防很重要，相关机关严厉打击非法邮寄和携带植物种子种苗、逃漏检等违法行为。农业、林业部门如因品种培育等特殊需要从境外引进农作物和林草种子苗木、水产苗种等外来物种的，应当依据审批权限办理进口审批与检疫审批。属于首次引进的，引进单位应当进行风险分析，并向审批部门提交风险评估报告。

任何个人和单位不得擅自引进、释放或丢弃外来物种。一些外来物种有适应能力强、食性广、天敌少、寿命长、繁殖能力强的特点，会在野外建立新种群，易于入侵和扩散，会对生态平衡造成较大的破坏和威胁。例如，近几年频繁登上热点新闻的鳄雀鳝，它就是外来物种。有些人随意购买后弃养或放生，鳄雀鳝直接捕食所在水域的各种鱼类。如果不及时处理，可能造成该水域鱼类物种的灭绝。

三、国门生物安全查验机制、动植物检验检疫规范化建设

国门生物安全属于非传统安全，是国家安全体系的重要组成部分，其是指通过动植物检疫等风险管理措施，避免因管制性生物通过出入境口岸进出国境而产生危险状态的一种安全维护能力。

为了维护国家安全，防范和应对生物安全风险，保障人民生命健康，保护生物资源和生态环境，促进生物技术健康发展，推动构建人类命运共同体，实现人与自然和谐共生，我国在 2021 年 4 月 15 日正式施行了《中华人民共和国生物安全法》。

该法律第二十三条规定，国家建立首次进境或者暂停后恢复进境

的动植物、动植物产品、高风险生物因子国家准入制度。进出境的人员、运输工具、集装箱、货物、物品、包装物和国际航行船舶压舱水排放等应当符合我国生物安全管理要求。

四、口岸核化生有害因子防控、农产品优进优出等措施

海关承担着口岸核生化有害因子的日常监测和突发事件的先期处置职能，肩负着守护国门安全的重任。在当前国际安全形势复杂多变，恐怖活动愈演愈烈，核材料、放射性、生化有害物质扩散、流失、走私事件日益增多，核安全、生化安全以及打击防范核恐怖主义的重要性日益凸显，一旦核与辐射超标或者生化有害物质入境，对公共安全造成的伤害将无法估量。为了规范口岸入境人员、货物、交通工具、集装箱、行李等的核生物有害因子监测，排查和处置工作，防止核生化有害因子入境，我国建立了现代口岸核化生有害因子防控体系。

此外，为了更好地促进农产品出口，我国各口岸城市也相继出台了各项举措，推动农产品优进优出。"优进"是对我国进口的短缺农产品原材料、优质的国外农产品缩短通关周期；"优出"是对我国生产的优质农产品，在保证质量安全的前提下，缩短通关周期，简化出口流程。

口岸公共卫生安全关系着国内社会经济的稳定与发展，防控境外输入性传染病源入境，建立并完善现代口岸核化生有害因子防控体系，是确保口岸公共卫生安全的重中之重。在新型冠状病毒肺炎疫情依然在全球肆虐的当下，确保口岸公共卫生安全更具有重要意义。

第四节　公共卫生体系及相关法规

　　公共卫生体系是由政府主导并全力支持的、集疾病监测、预防、控制和治疗于一体的公共卫生工作系统。公共卫生体系包括了各级卫生行政部门、疾病预防控制机构、卫生监督管理机构、医疗救治机构和公共卫生研究机构等。它的具体任务：做好公共场所、学校、劳动、放射、食品等五大卫生监督监测管理；做好预防接种、消杀、从业人

员体检、卫生宣教、传染病预防控制和救治；应对突发公共卫生事件；建立并监控辖区人群健康信息，指导并治疗患者，监测并报告相关信息；研究和预测辖区人群健康态势，制定修订并实施防治规划，调整防治方案等。

我国公共卫生体系建设的总目标是建立健全我国突发公共卫生事件应急机制、疾病预防控制体系和卫生执法监督体系；用更长一段时间，完善农村初级卫生保健体系、城市基本医疗服务体系、环境卫生体系和财政经费保障体系，满足城乡居民的基本卫生服务需求，不断提高广大人民群众的健康水平。

习近平总书记强调，只有构建起强大的公共卫生体系，健全预警响应机制，全面提升防控和救治能力，织密防护网、筑牢筑实隔离墙，才能切实为维护人民健康提供有力保障。在"十四五"规划纲要中，把保障人民健康放在优先发展的战略位置，坚持预防为主的方针，深入实施健康中国行动，完善国民健康促进政策，织牢国家公共卫生防护网，为人民提供全方位全生命期健康服务。此后，国家疾病预防控制局正式挂牌成立，标志着我国公共卫生体系改革迈出关键一步。新机构的成立，不仅能更好地应对突发性公共卫生事件，组织并调动力量进行防控，还能顺应健康发展新趋势，积极应对人民健康发展新需求。

一、国家疾病预防与控制措施

每个国家都会有完善的疾病预防与控制体系，每个地区也会有更为具体的疾病预防与控制措施，我们应当多了解一些具体的疾病预防与控制举措，并将其融入自己的工作和生活中，改善那些可能引发疾

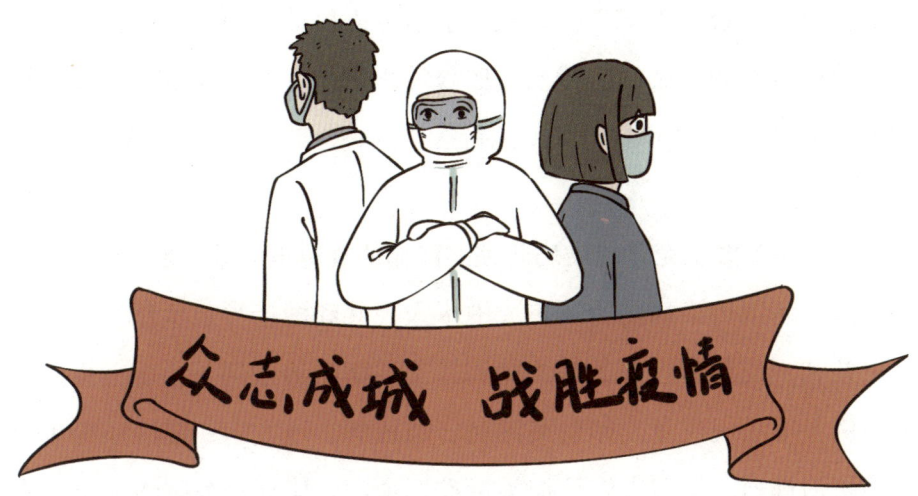

病的生活习惯，让自己的生活变得更加健康。

国家在疾病预防与控制方面的措施：坚持将预防关口前移，健全多渠道监测预警机制，建立智慧化预警多点触发机制，推动公共卫生服务与医疗服务高效协同、无缝衔接，完善公共卫生重大风险评估、研判、决策机制，提高评估监测敏感性和准确性。优化资源配置，完善运行机制，坚持依法防控，落实早发现、早报告、早隔离、早治疗要求，推动构建常态化管理和应急管理动态衔接的基层治理机制，强化科研支撑体系，健全决策咨询体系，实现动态防控、科学防控、精准防控。

二、传染病防控体系的概况和重大政策

当前，我国传染病防控体系建立了集成创新性的传染病防控综合技术平台，从诊、防、治等方面加强技术创新和防控机制创新，初步形成了国际先进水平的突发急性传染病防控技术体系。

在我国的传染病防控体系中，国务院卫生行政部门主管全国传染

病防治及其监督管理工作。县级以上地方人民政府卫生行政部门负责本行政区域内的传染病防治及其监督管理工作。各级疾病预防控制机构则承担着传染病监测、预测、流行病学调查、疫情报告以及其他预防、控制工作。

我国不断健全完善传染病防控的法律法规政策体系。制定修订《中华人民共和国传染病防治法》《中华人民共和国精神卫生法》《中华人民共和国疫苗管理法》等法律和《艾滋病防治条例》《血吸虫病防治条例》等法规规章。印发艾滋病、结核病、地方病、慢性病等重大疾病防治规划，发布实施防控类标准百余项。建立国务院防治重大疾病工作部际联席会议制度，极大提高了疾病防控工作法制化、制度化、标准化、规范化。

三、历史上应对传染病疫情的措施

十四世纪，黑死病在欧洲广泛传播。黑死病是由鼠疫杆菌造成的。鼠疫杆菌通过寄生在跳蚤上，并借由老鼠等动物进行传播。当时，最早出现疫情的是意大利，黑死病随后迅速蔓延至法国、西班牙、英国、德国乃至整个欧洲，欧洲总计损失了一半人口。此后，在十五、十六世纪，黑死病曾多次侵袭欧洲。在当时无法找到治疗的药物，只能使用隔离的方法阻止疫情的蔓延。欧洲多个国家通过卫生立法、清洁街道，并禁止集会，对发生瘟疫的城市强制执行出入限制，禁止同疫区之间进行贸易往来。

20 世纪初，我国的东北发生大规模鼠疫。医生伍连德经过多次解剖感染者和研究，发现此次鼠疫的传播是人与人之间的"飞沫传播"。为了遏制这种传播，伍连德将外科纱布折叠起来，中间塞入药棉，发明了"伍氏口罩"，很快就控制住了疫情。

1918年开始暴发的西班牙流感，"0号病人"出现在美国堪萨斯州的芬斯顿军营，但因为处于第一次世界大战期间，很多国家无暇顾及，而中立国的西班牙国内对此关注度极高，此后便被称为西班牙流感。西班牙流感造成全世界约10亿人感染，死亡人数至少为2500万。在这次流感中，口罩第一次被人类大规模地使用，之后疫情传播的速度才大为减缓。

四、了解《中华人民共和国传染病防治法》

《中华人民共和国传染病防治法》是为了预防、控制和消除传染病的发生与流行，保障人体健康和公共卫生，所制定的法律法规。这部法律自1989年9月1日正式施行以来，已经进行了多次修订。在新

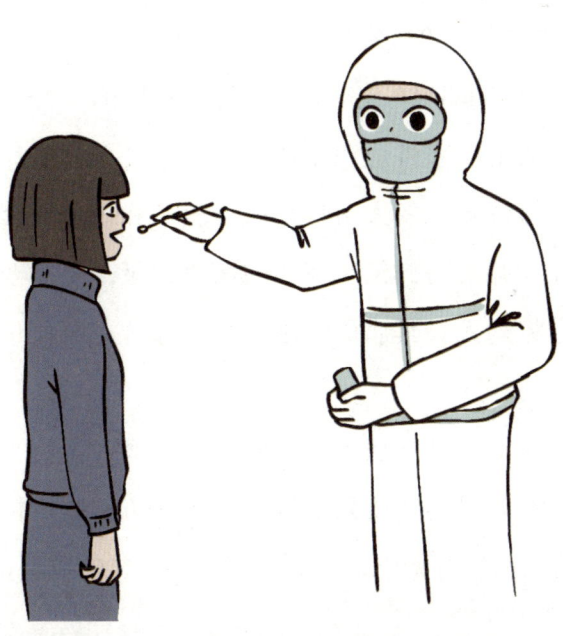

型冠状病毒肺炎疫情暴发后，我国有关部门也在积极部署推进这部法律的修订工作，推动健全我国的传染病防控体系。

《中华人民共和国传染病防治法》第十二条规定，在中华人民共和国领域内的一切单位和个人，必须接受疾病预防控制机构、医疗机构有关传染病的调查、检验、采集样本、隔离治疗等预防、控制措施，如实提供有关情况。

卫生行政部门以及其他有关部门、疾病预防控制机构和医疗机构因违法实施行政管理或者预防、控制措施，侵犯单位和个人合法权益的，有关单位和个人可以依法申请行政复议或者提起诉讼。

五、了解《突发公共卫生事件应急条例》

为了有效预防、及时控制和消除突发公共卫生事件的危害，保障公众身体健康与生命安全，维护正常的社会秩序，我国制定了《突发公共卫生事件的应急条例》。在《突发公共卫生事件应急条例》中，我们可以了解卫生健康、教育等部门在应对和处置公共卫生事件时的责任和义务。

《突发公共卫生事件应急条例》第三十九条规定，医疗卫生机构应当对因突发事件致病的人员提供医疗救护和现场救援，对就诊病人必须接诊治疗，并书写详细、完整的病历记录；对需要转送的病人，应当按照规定将病人及其病历记录的复印件转送至接诊的或者指定的医疗机构。

医疗机构收治传染病病人、疑似传染病病人，应当依法报告所在地的疾病预防控制机构。接到报告的疾病预防控制机构应当立即对可能受到危害的人员进行调查，根据需要采取必要的控制措施。

第五章

安全应急与避险

第一节　应急常识与急救技能

　　在日常生活中，即使我们非常谨慎，也难免会遇到一些危险。大部分人缺乏基本的应急常识和急救技能，自己或身边的人遇到危险时无法及时正确处理，等救援人员赶来时已经晚了。因此，我们每个人都有必要学习一些应急常识和急救技能。

　　高中生应了解急性中毒和过敏反应的症状及预防方法。急性中毒指有毒物质在短时间内进入人体，使机体受损并发生器官功能障碍。严重时会危及生命，必须要尽快做出诊断与急救。过敏反应指已产生免疫的机体再次接受相同抗原刺激后，产生的组织损伤和功能紊乱反应。通常发作比较迅速，但消退得也比较快。发现有人出现急性中毒症状时，我们要立刻将其带离中毒现场，并及时清除其体内未被吸收的有毒物质。如果我们出现中毒和过敏反应，则要第一时间拨打120急救电话，或及时向身边人描述自己的状况，寻求对方的帮助。

　　烧烫伤也是日常生活中常见的一种外伤，因此掌握一些处理烧烫伤的方法，必要的时候可以进行急救。烧烫伤急救主要有五个步骤，即冲、脱、泡、盖、送。其中，冲指的是用清洁、流动的冷水冲洗烧烫伤部位，脱指的是脱掉身上被烧掉的衣物；泡指的是将受伤部位泡入水中 10 ~ 30 分钟；盖指的是用纱布、棉布覆盖受伤部位，以减少外界的污染和刺激，并达到保温效果；送指的是将伤者及时送医治疗。这五个步骤可以在一定程度上降低烧烫伤对人体的损害，是十分有效的烧烫伤急救方法。

我们还要掌握现场急救的原则，掌握常见急救知识与基本技能，了解有效利用卫生服务资源的途径，并了解公共安全相关的法律法规。

一、掌握现场急救的原则，知道报告途径

1. 了解急救的原则、救护程序和注意事项

在进行现场急救时，我们要掌握一些必要的原则，这样才能更好地进行现场救治。

现场急救时要先严密观察并且稳定好患者的生命体征，如果患者的呼吸心跳已经停止，则现场给予心肺复苏术。如果是溺水者，应大声呼喊患者，快速判断患者的呼吸、有无大动脉搏动，如果没有，立即给予心脏按压、清除呼吸道异物，为患者争取时间。

包扎是外伤现场应急处理的重要措施之一，及时正确的包扎，可以达到压迫止血、减少感染、保护伤口、减少疼痛的作用；错误的包扎则会导致出血增加、感染加重、遗留后遗症等不良后果。

当创伤导致大量出血时，一定不要随便在伤口上敷中草药或泥土、草木灰等来止血，以免伤口发生感染。我们可以用消毒纱布垫或干净的毛巾、布块、帽子等折叠成比伤口略大的垫子，放在伤口上，然后用绷带或其他替代品加压包扎。包扎达到止血目的即可，压力不宜过大，以免肢体缺血坏死。这个方法适用于绝大多数的出血情况，但伤口内有石子、碎骨、碎玻璃等异物时不适用。

当身边的人呼吸道被异物严重堵塞时，我们需要及时对其进行海姆立克急救。我们要在其背后以前腿弓、后腿蹬的姿势站稳，并让其身体略向前倾，然后双臂环抱患者，左手握拳，左拳虎口贴在其上腹部中央，右手从前方握住左手手腕，用力挤压患者的上腹部。施压后立即放松手臂，再重复操作，直至异物排出。

现场处理骨折伤员的正确方法应该是先观察、再固定、后搬运。观察主要是观察伤员是否存在其他严重危及生命的外伤，如果有则需要先处理外伤，如止血、包扎等；固定就是以正确方法对骨折部位进行固定和包裹，注意不要固定和包裹太紧，防止造成新的损伤；搬运则是指搬运病人时，应多人配合，防止造成再次损伤。骨折简单处理后，一定要及时就医，以防止延误病情。

2. 自觉主动报告急救事件，有效传递信息

在日常生活中，我们应当树立起自觉主动报告急救事件的意识，

并知道报告的途径与方法。当出现各类突发事故，而有伤员需要紧急救助时，我们应当及时拨打 120 急救电话。

拨通急救电话后，声音要洪亮，讲话要清晰，这样可以确保 120 接线员能听清楚。电话拨通后要有效传递信息，以免耽误救援时间，要说清楚患者目前所处的详细地址，所在某个区县某路或某小区，特别是要讲清楚确切道路或交叉路口，事发地周围的标志性建筑物如商场、学校、银行、广场、公园等。

在电话中还要能准确描述病人的情况和症状，病人的大致年龄、性别，病人的主要病情或伤情，诸如晕倒、昏迷、出血量等，以便救护人员能提前做好相应的急救准备。简要描述事件类型，如遭遇车祸、生小孩等，如果是意外灾害性事故，如交通事故、塌方、火灾、溺水等，还要说清楚受伤人数、严重程度等情况，以便 120 调度中心派出足够的医护人员和急救物资等。报告完相关的信息后，要确保联系畅通，保持开机状态，并注意接听来电。

二、掌握常见急救知识与基本技能

当突发事件发生时，专业的医护人员和救护车并不能马上到达现场，掌握一些必要的急救知识可以增强我们应急自救和互救的能力，为抢救争取时间，降低受伤人员的死亡风险。

1. 电击伤急救的基本知识与技能

电击伤指的是人身直接接触电源，或高压电经过空气或其他导电介质传递电流通过人体时，会对人体造成一定的组织损伤和功能障碍，严重的还会发生心跳和呼吸骤停的情况。雷击属于高压电损伤范畴，也是一种电击伤。

针对电击伤的急救要求迅速而准确，首先要让触电者脱离电源。这步操作需要争分夺秒，根据现场环境和条件采用最快、最安全的方式切断电源，或者使患者脱离电源，如关闭电闸、切断电线、挑开电线、拉开触电者等。在脱离电源的过程中，必须保持与触电者绝缘，不能直接接触触电者，选用的器材必须是绝缘物，如干燥的木棍、厚塑料物品等。

触电者脱离电源后，应马上转移至干燥通风的场所，再根据情况迅速进行现场救护，同时应快速拨打 120 通知医务人员到现场。在等待医务人员到达时，可以现场进行急救。

如果触电者神智清晰，四肢发麻、全身无力，应使触电者静卧休息，同时严密观察。如果，触电者呼吸或心跳停止时，可以进行心肺复苏急救。如果触电者已经没有知觉、没有呼吸，但心脏有跳动，应立即进行人工呼吸；如有呼吸，但心脏跳动停止，则应立即采用胸外心脏挤压法进行救治。如果触电者心脏和呼吸都已停止、瞳孔放大、失去知觉，须同时采取人工呼吸和人工胸外心脏按压两种方法进行救治。

如果触电者出现呕吐，应扶好头部和身体，使其向一侧偏转，以防止呕吐物造成窒息。当耳鼻有液体流出时，不要用棉花堵塞，可轻轻拭去。不要用手直接触摸伤口，不要给予饮食。

2. 常见急救药品及其使用方法

常见的急救类药品有很多，不同的急救药品有不同的药理作用和使用注意事项，我们要了解家庭常用急救药物的具体用法，并了解其使用时的注意事项。

硝苯地平是家庭常备的一种急救型药物，在短期降低血压方面有着十分显著的作用。硝苯地平虽然在医学上被运用于不同的人群，但是它需要在空腹的情况下服用才能更好地发挥效果。服用硝苯地平时，尽量不要吃西柚。

速效救心丸是一种中成药，它能够快速地扩张冠状动脉，改善心肌供血，缓解心绞痛症状，是大部分老年人家里常备的急救药品。如果出现胸闷、胸痛等心肌缺血的症状，可迅速地舌下含服速效救心丸5 ～ 10丸，大约5分钟可以起效。如果没有发挥作用，一定要记得拨打急救电话。

硝酸甘油属于硝酸酯类的药物，可以扩张冠状动脉，改善冠心病引起的心肌缺血；扩张外周血管，减轻外周血管阻力，降低心脏的负荷，可以用于治疗心力衰竭。通常心绞痛发作的患者，可以舌下含服硝酸甘油，能够迅速通过舌下静脉吸收，快速扩张冠状动脉，缓解冠心病导致的心肌缺血，缓解心绞痛症状。服用硝酸甘油的时候要注意：含服时取坐位或者半卧位，避免出现直立性低血压以及晕厥；每次服用剂量不要过大，以免引起头痛等症状；青光眼的患者禁服，以免升高眼压。

3. 掌握心肺复苏的技能

当身边有人心搏骤停、呼吸微弱或无呼吸时，我们需要及时对其进行心肺复苏。这项重要的急救技能，可以帮助患者脱离生命危险。

一个完整的心肺复苏包括多个流程，其中开放气道、人工呼吸和人工循环是最为主要的三个步骤。开放气道主要是为了清除患者口腔中的异物，感知患者是否还有呼吸；人工呼吸是为了让患者恢复自主呼吸，等待专业人员的到来；人工循环则是为了让患者心跳重新恢复，以维持生命活动。

在进行心肺复苏时，我们先要让患者仰卧在平地上，然后将手掌相交，肘关节伸直，垂直向下按压患者两乳中间位置，下压深度 5cm ～ 6cm，让胸廓完全回复后再次按压，每分钟 100 次～ 120 次。对于成人，每按压 30 次，进行 2 次人工呼吸。

4. 掌握使用自动体外除颤仪（AED）的技能

自动体外除颤仪（AED）是一种非专业级的、便携式的心脏电除颤仪器，适合非医务人员使用。其可以有效诊断特定的心律失常，并及时给予电击除颤，是心肺复苏实施过程中一个非常重要的设备，可以说是心搏骤停患者的"救命神器"。

自动体外除颤仪的操作并不复杂，只需要开机、贴片、检测、除颤四个步骤。打开电源。AED 有蓄电池，充电后能直接使用；接下来是放置电极片，一个电极片安放在左胸心尖部位，即左侧第五肋间与腋下线交界的部位，一个电极片放置在右侧锁骨右缘的第二个肋骨上；两个电极片与患者皮肤贴合好后，按下"分析"键，按照语音提示操作 AED，等待 AED 分析患者的心律，一旦发现心室颤动，AED 会提示下一步操作；听到"建议除颤"的语音提醒后，直接按下除颤按钮，便可以开始除颤了。

　　需要注意的是，在 AED 分析患者心律和除颤过程中，救助者应该离开患者身体，以免干扰分析和除颤过程。

第二节　用药安全

　　俗话说"是药三分毒"，药品可以帮助我们治疗疾病，但是它也会有一定的毒副作用。如果我们滥用药品，则会对身体造成更大的伤害，严重的甚至可能导致死亡。因此，我们必须注意用药安全，科学、合理地使用药品。

　　注意用药安全的第一步，就是了解药物及其作用机制。这将有助于我们更好地认识、使用各种药物。药物的基本作用机制是药效学研究的重要内容，是解释药物为什么起作用或如何起作用的理论。药物的作用机制是相对复杂的，不同药物因性质不同，作用机制也不同。改变理化性质、参与或干扰细胞物质代谢过程、影响细胞膜的功能、影响生理递质的释放或激素的分泌……这些都是较为常见的药物作用机制。

　　不同的药物会对人体产生不同的作用。比如，一些免疫增强药能够通过影响免疫机制来发挥积极效果，但如果过量使用，人体的免疫机制反而会遭到破坏。所以，在用药之前，我们必须了解药物的作用机制。对于不具备完善医学知识的大多数人，遵从医嘱服药是最好的选择。

临床医生和药剂师都是经过了多年系统性的学习和实践，才能正确使用药物。普通人没有专业的医药知识，如果擅自用药，很可能导致用错药、用药过量，轻者延误病情，重者会危及生命。

在使用药物前，除了要获得父母或监护人的同意，遵循医嘱，还要阅读药物的使用说明，了解药物的有效期和副作用，这样可以帮助我们将用药风险降到最低。

药物的有效期是指药物在规定贮存条件下，能够保持药物质量的期限，一般多标注在药物的外包装上。需要注意的是，对于一些已开启的药物，以及没有按照规定条件贮存的药物，只看有效期是没有意义的。因为在这段时间里药物的稳定性会发生变化，可能还没到有效期，就失去了正常药效。

药物的副作用指的是应用治疗量药物后，所产生的治疗目的之外的药理作用。严格来说，所有药物都或多或少存在一些副作用，但因为药物有副作用，就不用药，却不是一种明智的选择。那么我们究竟该如何去看待药物的副作用呢？我们可以咨询医生，在医生的指导下用药，便能将用药的副作用降到最低。

很多药物的说明书中注明禁止饮酒，禁食油腻、辛辣食物，医生开药时也会明确提醒。但有一些人总是管不住自己的嘴，不让喝酒偏要喝，不让吃肥肉、辣椒偏要吃。结果，吃了药之后，病症却没有减轻。

各种酒里都含有乙醇，服药期间饮酒，一方面，摄入的乙醇会使消化道扩张，增加药物的吸收量，加重药物的副作用，而且还会引起不良反应。比如，服用一些安眠、镇静类药物时饮酒，会增强药物的中枢抑制作用，导致呼吸变慢、血压降低，严重的可能会休克甚至死亡。另一方面，部分药物能加重乙醇对人体的损伤，比如，头孢类药物可以引发双硫仑样反应，阻挠乙醇的正常代谢，即使摄入少量乙醇也会引起乙醛中毒，导致头晕、恶心、胸闷，严重的也可能导致死亡。油腻的食物通常会减少部分药物的吸收量，导致药效不理想。而辛辣的食物不仅会刺激消化道，加重某些炎症，还可能与药物产生不良反应，影响药物吸收。

除了这些基础的用药安全知识外，我们还应该了解安全用药的机理，药物误用、滥用对身体造成的影响。

一、药物影响机体的机制

药物是通过机体来发挥作用的，可以通过干扰或参与机体的生理过程来达到用药的目的。不同的药物性质不同，发挥作用的原理与机制也都不尽相同，总结来说，药物的基本作用机制主要有以下几种：

补充或干扰代谢物质：一些药物因其结构与某些人体所需营养物质结构相似，所以能达到抑制细胞生长的目的。比如，磺胺药能通过参与叶酸代谢来抑制细菌生长。

对酶的抑制或促进作用：一些药物可以通过对酶的抑制或促进，来发挥作用。比如，胰岛素可以激活己糖激酶来促进糖代谢作用。

理化条件的改变：一些药物可以通过改变细胞周围的理化条件来发挥作用。比如抗酸药通过中和反应来降低胃酸酸度，进而达到治疗溃疡病的目的。

对细胞膜的作用：一些药物通过对细胞膜的作用来发挥作用。比如，青霉素的杀菌作用就是通过抑制细菌细胞膜合成来实现的。

药物在进入人体后，有效成分起作用的时候会消耗一部分，剩余的部分也会经由循环系统排出体外。每种药物的服药间隔时间是由药物的消除速度决定的。通常在体内消除较快的药物，用药次数较多；在体内消除慢的药物，用药次数较少。

如果擅自增加药量或服药次数，血液中药物的浓度就会过高，导致不良反应加重，容易造成药物中毒。只有按时按量用药，才能将血液中的药物浓度维持在正常水平。

二、药物误用、滥用对身体的影响

药物误用指的是乱用药物，过量使用药物，或把毒药、非药品当做治疗用药的现象。药物滥用则是指反复、大量使用具有依赖性的药物，

是一种非医疗目的的用药行为。通常情况下，药物误用常会引起药物中毒，而药物滥用则会导致药物成瘾和其他行为障碍。

药物误用对身体的危害主要体现在肝肾功能损害、过敏反应以及药物毒性反应等，还可能会有其他系统的影响。如果误服的药物剂量轻微、毒性作用较小，可能也不会造成明显危害。

口服药物多需要通过肝脏、肾脏代谢排出体外，所以药物误用会对肝肾功能造成损害，尤其是药物用量过大时，会加重肝肾功能损害。需及时完善肝肾功能检查，及时使用护肝、护肾的药物，这样才能更好地减少危害。

药物误用容易引起过敏反应，尤其是存在药物过敏史的人群，可能会出现全身皮疹、瘙痒不适，甚至引起喉头水肿、过敏性休克等危害。此时需要积极使用抗过敏药物治疗，缓解吃错药对身体造成的危害。

每种药物都有其对应的作用，也会因组成成分的不同而存在不同毒性。药物误用后可能会造成不同的危害，轻者表现为各种副作用，重者可能会影响各系统功能。如地西泮片吃错后，容易出现嗜睡、精神不振、头痛、头晕等症状。此时需要尽早洗胃、积极补液和利尿，促进药物排出，减轻危害。

滥用止痛药、含可待因的止咳药，会出现不同程度的成瘾性，即人们常说的上瘾。药品与毒品一字之差，也在于使用者的一念之差。用得合理，便是良药；一旦滥用，便是毒品。有同学因治疗咳嗽，从高中二年级开始服用止咳水，后来慢慢上瘾，时常在犯困、没精神时喝几口，后来逐渐加量，导致突然抽搐、昏迷，经医院抢救才恢复了意识。这就是典型的滥用药物导致成瘾。

常用的抑制中枢类镇咳药品，在正常剂量下一般不会成瘾。由于含有阿片类物质的磷酸可待因成分，人一旦大剂量服用会产生幻觉，能够带来如同吸食毒品一般的愉悦感和兴奋感。一些青少年选择服用止咳水提神，逐渐导致药物依赖染上药瘾，造成身心损害，无法正常学习生活。

止咳药水必须按照说明书规定的用量服用，不可超量滥用，切勿相信止咳药水提神的说法。学生长期过量滥用止咳药水，会对内脏和神经系统造成不可逆转的损害，终身难愈，甚至危及生命。

三、药物依赖的机理

使用者明知道使用某种药物会成瘾，会引发某些问题，却依然持续使用，这便是一种药物依赖。药物依赖主要表现为心理依赖和生理依赖两个方面，分别反映着药物对精神状态和身体机能的影响。

当长期摄入药物后，机体便会产生对药物的适应性反应，并通过调整自身功能，来达到药物存在时的新的平衡状态。此时如果停止用药，机体的新的平衡状态就会被打破，进而出现一系列症状，这便是生理依赖所表现出的戒断症状。

相比于生理依赖，心理依赖要更为顽固，也更加难以消除，其是指依赖者具有持续渴望体验某种药物的心理效应。为了得到药物，依赖者可能会不择手段。很多吸毒者在经历戒毒后复吸，就是由于心理依赖所导致的。

四、药物滥用的机理

药物滥用会先产生耐药性。耐药性是机体对药品反应的一种适应性状态和结果。当反复使用某种毒品时，机体对该药品的反应性减弱，药效降低。为了达到与原来相同或相似的反应和效果，就要逐步增加剂量，这种现象就是耐药性。

一个人因为滥用某药品成瘾，并有了耐药性，就会不断服用较大的剂量，致使身体每天或每星期不断接受药品的进入。如果突然停止服用药品，身体中就开始出现由此而引起的一组综合症状，例如，精神萎靡、流鼻涕、感冒等。当一种药品因为滥用，在不同的人身上出现一系列连续的症状，这些症状的集合就是停止服药综合征。停止服药综合征的出现反映了身体对药品的强烈依赖，也就是我们通常所说的成瘾性。

药物滥用多与治疗无关，是一种反复大量使用有依赖性药物，导致自身产生生理依赖或心理依赖，并引发一些精神错乱等异常行为的现象。药物滥用会对身体健康造成较大影响，也会带来一些严重的社会问题。

通常在一年之内，有以下几种症状，并伴有药物不合理使用的情况，便可认为出现了药物滥用行为。

用药剂量超过正常用量，或超出正常疗程；

虽然用药者主观上想要减少药量，但却很难实现自主减量；

用药者有强烈的用药冲动；

用药者明知药物已经影响了自己的日常生活，却依然在持续用药；

由于用药严重影响了自己的社交和工作；

出现了严重的戒断反应。

很多药物滥用的行为都是出于获得快感和减少痛苦两个目的，这也使得那些能够影响人体神经递质传递，以及止痛镇痛的药物，成为药物滥用的主要物质。安定类药物、酒精、可卡因、大麻、阿片类药物，都是常见的成瘾物质。这些物质有的能够影响个体的心境、情绪、行为和意识，有的则能让个体产生或保持某些特殊的心理和生理状态。

五、了解药品相关法律法规

为了加强对药品的监督管理，保证药品的质量，保障人民的用药安全，维护人民身体健康和用药的合法权益，我国制定了《中华人民共和国药品管理法》。除了这部法律之外，我国还制定了《药品生产质量管理规范》《药品经营质量管理规范》等法规，来保障大众的用药安全。

我们为了保证所购买药品的质量，应该到食品药品监督管理部门批准的、具有合法资质的零售药店购买药物。不要轻信那些没有从医资格证的江湖郎中，购买、服用他们提供的药物。

用药安全与每个人的生命健康息息相关，我们不是医护人员，并不需要去了解复杂的药理知识，但是我们必须要掌握基本的用药安全知识。这不仅有利于我们更好地保护自己的身体健康，也能够帮助身边的其他人摆脱错误的用药习惯。

第三节　社会安全

社会安全的内涵十分丰富，社会治安、交通安全、生活安全、生产安全……这些都属于社会安全的范畴，要强化社会安全意识，就需要先对这些方面的社会安全知识有所了解。

社会治安是社会的安定秩序，包括维持公共秩序、保护公共安全、保护公民人身权利不受侵犯、保护公私财产不遭受损害。在我国，一般的危害社会治安行为，会根据《中华人民共和国治安管理处罚条例》进行处罚。对于严重危害社会治安且触犯刑法的行为，则根据《中华人民共和国刑法》严惩。

交通安全是指人们在道路上进行活动时，要按照交通法规的规定，安全地行车、走路，避免发生人身伤亡或财物损失。不遵守交通规则，不仅会为自身带来危害，还会危害到他人的人身和财产安全。

生活安全是指日常生活需要注意的一些安全事项，主要包括防触电、防溺水、防火灾等。在遇到各类突发事件时，需要有针对性地采取应急措施，将损害降到最低。

生产安全是指在生产经营活动中，采取相应的事故预防和控制措施，尽可能避免工伤，保证从业人员的安全和健康。

社会安全关系着国家的发展、稳定，也关系着每个社会成员的切身利益，对于保障社会和谐稳定、国家长治久安、人民安居乐业具有重要意义。我们每一个人都应该为维护社会安全，献出自己的一份力量。

了解了社会安全知识之外，我们还应该强化社会安全意识，遵守人际交往的正确规则，确保自己的人身安全。

一、强化社会安全意识

1. 维护社会安全及意义

维护社会安全就是要防范、消除、控制直接威胁社会公共秩序和人民群众生命财产安全的治安、刑事、暴力恐怖事件以及规模较大的群体性事件等。它与人民群众的安危、利益息息相关。《中华人民共和国国家安全法》第二十九条规定，国家健全有效预防和化解社会矛盾的体制机制，健全公共安全体系，积极预防、减少和化解社会矛盾，妥善处置公共卫生、社会安全等影响国家安全和社会稳定的突发事件，促进社会和谐，维护公共安全和社会安定。

社会安全是国家安全的重要内容，事关国家发展和社会稳定，关乎每个社会成员的切身利益，对保障人民安居乐业、社会和谐发展、国家长治久安具有十分重大的意义。社会安全是人民群众安全感、幸福感的晴雨表，是社会安定的风向标。随着经济发展、社会进步，人民群众对过上美好生活有更高的期待，对社会安全有更高的标准。只有把人民群众对社会安全的期待作为努力方向，才能提升他们的安全感和幸福感。

2. 强化社会安全意识，掌握相关技能

社会安全意识是指各种人的群体对普遍存在的安全问题和安全现象的感受及其所采取的态度的总称，反映了人民群众对某个安全问题的心理状态。安全问题和安全现象指人们在其活动中对所遇到的危险和损害的感知。社会安全意识是一种软性的动力作用，能够推动并决定某个群体和整个社会形成某种共识。

强化社会安全意识就是要树立"安全第一"的文化观，重视生命的情感观。"安全第一"的文化观是在思想认识上安全高于其他，在社会运行上安全大于其他，在知识更新上，安全知识（规章）学习先于其他知识培训和学习；重视生命就是充分认识人的生命与健康的价值，强化"善待生命，珍惜健康"的理念，是我们社会每一个人应该建立的情感观。

想要真正将社会安全意识转化为具体的社会安全能力，我们就要不断强化自身所掌握的社会安全意识，将那些思想方法转换为具体的行动。在了解生活安全、生产安全、交通安全等方面知识的同时，掌握并应用这些方面的重要技能。如果每个人都能做到这一点，我们的社会便会在各个方面实现真正的安全与稳定。

维护社会安全不仅是政府和有关部门的责任，更是每个公民的责任。提升社会安全意识，掌握社会安全相关的知识与技能，既是维护社会安全的要求，也是保护自身人身和财产安全的要求。

二、遵守人际交往的正确规则

1. 理性选择与维持自己的社交范围

很多严重的社会安全事件，往往都是由一些小事所引起的。因此，

在人际交往过程中，我们应当遵守人际交往的正确规则。我们没必要将自己的社交范围扩展得无限大。在交朋友时，我们应当多结交拥有积极健康价值观的朋友，远离那些传播负能量和违法思想的朋友。与朋友交往时，也应当保持一种合适的距离，当朋友遇到麻烦需要帮助时，我们要理性分析这一"麻烦"。如果是学习、工作中的小困难，我们便应当帮助他们一起渡过难关；如果是社会上的违法乱纪之事，那我们便不应该卷入其中。

明辨是非是人际交往的原则，在大是大非面前，绝不能含糊。不能因为是同乡、同学或好友，讲所谓的"义气"，感情用事，不分是非曲直，使自己误入歧途而断送前程。因此，分清善与恶、是与非，对交往安全有百益而无一害。

2. 抵制诱惑，践行正确的人生观和价值观

在社会生活中，诱惑是无处不在的，而在诱惑的背后，往往是一些违反法律、违反道德的行为。在面对诱惑时，我们需要保持定力，

仔细思考从事违法犯罪行为所需要付出的代价，以此来抵制住诱惑的侵扰。

高中生要树立正确的人生观和价值观，要有高尚的人生追求，高尚的人生追求要符合当今和谐社会的需要；高中生还要追求高尚的品格，树立积极进取、乐观向上、厚德载物、自强不息的人生态度；明确什么样的人生才是有价值的人生，明确什么样的人才是值得尊敬和学习的人。

树立正确的人生观和价值观对高中生的心理健康和以后学业及其人生有很大的意义和价值，还有利于帮助我们抵制诱惑。完全放弃欲望是不现实的，我们应该在法律与道德的规范下，去追求自己的欲望，对于那些超出了法律与道德规范的欲望，则要及时摒弃。

第四节 校园安全

一个和谐安全的环境，是美好校园生活的基础。现在，全社会都越来越重视校园安全。校园安全所涉及的内容非常广泛，想要解决这一方面的问题，也需要多方共同努力。

高中生要警惕校园中可能发生的公共安全事故，提高自我保护、逃生及求助的基本技能，是维护校园安全和自身安全的重要手段。

校园中的公共安全事故多种多样，从类别上可以分为社会安全类校园安全事故、事故灾难类校园安全事故、公共卫生类校园安全事故和自然灾害类校园安全事故。

社会安全类校园安全事故主要是发生在校园内外的各类暴力活动，比如针对师生的恐怖袭击，发生在校园内的打、砸、抢、烧事件，以及发生在校园及周边的交通事故。

事故灾难类校园安全事故主要是一些危害校园安全与社会稳定的突发事故，比如火灾事故、房屋倒塌事故、楼梯间拥挤踩踏事故、校园爆炸事故、供水供电事故等。

公共卫生类校园安全事故主要是发生在校园内影响师生身体健康

和生命安全的事件，比如传染病疫情、食物中毒、酒精中毒或群体性不明原因疾病等。

自然灾害类校园安全事故主要是一些容易造成师生人员伤亡和严重财产损失的事件，比如台风、暴雨洪水、暴风雪、地质灾害等自然灾害。

针对不同的校园安全事故，应对的方法也会有所不同。我们在提高校园安全意识之外，还需要有针对性地掌握各类具体校园安全事故的应对方法。比如，为了避免自己在踩踏事故中受伤，我们应当做到以下几点。

首先，在踩踏事故发生后，要尽量避免进入拥挤的人群中，如果已经被卷入人群，则尽量走在人群的边缘处。这样万一发生事故，可以尽快远离现场；即使无法离开，也可以紧贴墙体、抓住栏杆，避免被踩伤。

其次，当人群中发生慌乱时，我们一定要冷静站稳，顺着人流方向慢慢移动，注意脚下和周围，不要被绊倒或挤倒。在慌乱的人群中时，如果钱包、手机、钥匙等物品掉在地上，或者鞋子被踩掉，千万不要

低头去捡东西、穿鞋。

最后，万一自己在人群中摔倒时，我们要尽量靠近人群边缘或墙角等位置，身体蜷缩，双手护住颈部和后脑，并大声呼救。如果在人群中发现其他人摔倒，我们要马上停下脚步，大声提醒后面的人不要再往前走，等人群完全停住后，再过去将摔倒的人扶起来，带出人群实施救援。

除了这些基础的校园安全知识之外，我们还要通过营造校园安全氛围，来预防校园安全事故，通过了解保护未成年人的相关法律法规，来维护校园安全。

一、营造校园安全氛围，预防校园安全事故

1. 掌握校园安全相关知识，增强防范意识

高中生掌握一些校园安全相关知识是十分必要的。校园安全事故的发生具有较强的随机性，学校和老师虽然能够在事前做一些防范措施，但却没办法从根本上杜绝校园安全事故的发生，为此，我们必须掌握一些校园安全知识。

不携带管制刀具、违规物品进入校园；出现校园霸凌，要有反抗的勇气，及时向老师、家长、警察寻求帮助；遇到敲诈勒索、拦路抢劫，不要与对方发生正面冲突，事后及时告诉父母或打电话报警。

上体育课时，不随意攀爬运动器材，不做危险动作。训练和比赛过程中发现身体不适，及时告知老师，必要时应及时就医；上实验课前，仔细听取老师讲解的实验步骤，在实验室中不要因为自己的好奇乱动化学试剂，做实验时在老师的正确指导下进行实验。

在课间活动的时候，有序进出教室，上下楼梯靠右行，不拥挤或互相推搡，防止出现踩踏事件；不在教室打闹追逐、互扔东西；不随意攀爬扶手或趴在教室窗口张望，防止出现滑倒坠楼事件。

在疫情期间，每日监测自己的健康状况，如出现可疑症状，主动报告学校，并及时就医；勤洗手，饭前便后用洗手液或肥皂流水洗手；咳嗽、打喷嚏时，用纸巾遮住口鼻，如无纸巾，可用手肘或衣服遮挡；在校期间，除体育活动课外，应该全程佩戴好口罩，尽量缩小活动范围。

高中生要增强防范意识，在生活中要做到防范邪教渗透、传销组织蛊惑、电信网络诈骗；在人身安全方面要做到防火防电防溺水，不参与斗殴，不酗酒。

2. 校园安全事故报警和处理的基本技能

在增强防范意识的同时，我们还要掌握一些校园安全事故报警和处理的基本技能。在遇到突发校园安全事故时，我们可以立即联系校园安保部门，也可以根据安全事故的类型，拨打相应的报警电话。遇到火灾可以拨打119，遇到有人受伤可以拨打120，遇到人身伤害事故，则要及时拨打110报警。

在相关救援力量未到达现场之前，在确保自身安全的前提下，我们可以对校园安全事故采取一些力所能及的处理措施，比如，利用灭火器扑灭火，帮助老师疏散学生，或是对一些受到伤害的人采取一些急救措施等。想要做到这些，就要求我们在平时多学习一些校园安全事故的应对处理方法，当学校组织安全讲座时，要多听、多记、多学习。

3. 理解并遵守校园管理制度，服从并参与校园管理

学校在制定校园管理制度时，大多会考虑预防校园安全事故等问题。很多校园安全事故的发生，都与部分学生不服从学校管理、不遵守校园管理制度有关。为了尽可能地减少校园安全事故的发生，我们需要理解并遵守学校的管理制度，自觉服从老师的管理，不要从事与学习无关的、危害校园安全的活动。这既是维护校园安全稳定的需要，也是保障我们生命健康安全的需要。

高中生积极参与校园管理是学校教育教学改革的重要内容之一。这对于增强学校管理的民主性、提高学校管理的实效性、培养学生的综合实践能力具有重要意义。学生可以通过参加教师大会、班主任工作会、家长会、学校办公会等方式，加强与学校领导、老师之间的沟通与交流，让他们了解、理解、支持和配合学生在校园管理方面的一些想法和建议。

二、了解保护未成年人的法律，维护校园安全

高中生在遵守校园管理制度的同时，还需要学习《中华人民共和国未成年人保护法》等法律法规，用法律武器来维护自己在校园中的合法权益。

当我们在校园中遇到校园暴力和人身侵害时，在向老师和学校寻求帮助之外，还可以通过法律途径来维护自身的合法权益。在《中华人民共和国未成年人保护法》中，有各类保护未成年人权益的规定，这些都是我们在校园中的"保护盾"。

为了落实新修订的《中华人民共和国未成年人保护法》，健全未

成年人学校保护制度，其中第三十九条规定：学校应当建立学生欺凌防控工作制度，对教职员工、学生等开展防治学生欺凌的教育和培训。

学校对学生欺凌行为应当立即制止，通知实施欺凌和被欺凌未成年学生的父母或者其他监护人参与欺凌行为的认定和处理；对相关未成年学生及时给予心理辅导、教育和引导；对相关未成年学生的父母或者其他监护人给予必要的家庭教育指导。

对实施欺凌的未成年学生，学校应当根据欺凌行为的性质和程度，依法加强管教。对严重的欺凌行为，学校不得隐瞒，应当及时向公安机关、教育行政部门报告，并配合相关部门依法处理。

第四十条规定：学校、幼儿园应当建立预防性侵害、性骚扰未成年人工作制度。对性侵害、性骚扰未成年人等违法犯罪行为，学校、幼儿园不得隐瞒，应当及时向公安机关、教育行政部门报告，并配合相关部门依法处理。

学校、幼儿园应当对未成年人开展适合其年龄的性教育，提高未成年人防范性侵害、性骚扰的自我保护意识和能力。对遭受性侵害、性骚扰的未成年人，学校、幼儿园应当及时采取相关的保护措施。

第六十九条规定：学校、社区、图书馆、文化馆、青少年宫等场所为未成年人提供的互联网上网服务设施，应当安装未成年人网络保护软件或者采取其他安全保护技术措施。

之后，教育部制定了《未成年人学校保护规定》，并于2021年9月1日起正式施行。这项法规中不仅规定了对未成年学生的"一般保护"，如不得侵犯学生人身自由、不得泄露学生个人及家庭隐私，还规定了对未成年学生的"专项保护"，如学校应建立学生欺凌防控和预防性侵害、性骚扰等专项制度，定期针对全体学生开展防治欺凌专项调查等。

学习这些法律法规，可以帮助我们有效防范校园暴力和人身侵害，维护校园安全和稳定。

校园安全关系着广大学生能否安全健康成长，也关系着千万家庭的幸福安宁和整个社会的和谐稳定。随着国家和有关部门加大对校园安全问题的管理力度，我国的校园安全问题有所减少，但却还是时有发生。为此，学校和学生个人都应该行动起来，维护好校园的安全与稳定。

第五节　职业安全与健康保护

我们了解职业安全与健康保护，主要是了解如何预防因工作导致的疾病，了解工作中因环境及接触有害因素引起人体生理机能的变化。随着我国经济快速发展，新技术、新材料、新工艺广泛应用和新业态大量产生，新的职业也不断涌现，与之相关的危害因素也就出现了。与工作相关的肌肉骨骼系统疾病和心理健康等健康问题，也引起了人们的广泛关注。

为了保护就业者的身体健康，我国在 2001 年、2002 年分别颁布了《中华人民共和国职业病防治法》和《中华人民共和国安全生产法》，并于 2014 年、2018 年分别对两部法进行了修订。目前我国已经制定了近 30 多部关于职业安全与健康的专门法律、行政法规，推出多部强制性和推荐性的国家职业卫生标准，已经建立了职业安全与健康保护的法律体系。

截至 2019 年，我国就业人口达 7.75 亿人，位居世界第一。同时，随着经济的发展和人民生活水平的不断提高，劳动者对职业安全和健康保护的期望越来越强烈，全社会对职业安全和健康保护的关注也越来越高。职业安全和健康保护已经成为提升广大劳动者幸福感和生活质量的重要基础，涉及亿万家庭的福祉，事关改革发展稳定的大局，是个人、单位、社会稳定持续发展的重要保障。国家在《健康中国行动（2019—2030年）》中明确提出了职业安全和健康保护行动的目标，维护所有劳动者的身体健康。

高中生了解职业安全与健康保护，预防和控制职业病危害，主要是为了营造全社会重视职业安全和健康保护的良好氛围，倡导健康工作方式。

一、职业安全与危险因素

职业中的危险因素则是指各个职业在实习及正式工作之中，可能会遇到的各种危险。职业安全对我们是非常重要的，我们既要了解在工作中可能遇到的各类危险因素，也要知道如何确保防止各类职业风险的发生。

职业危险因素通常分为五大类：

化学因素：最常见的职业危害因素，比如粉尘、铅以及苯等都是可能引起职业病，甚至会引起化学物质中毒的严重现象。

物理因素：噪声、异常的天气条件和电辐射、电离辐射、紫外线、激光等都是物理因素，比如经常处在噪声环境中的人会出现听力问题，经常在严寒潮湿的地方工作的人会出现风湿性关节炎，经常接触放射线的人很容易出现放射性皮肤病、放射线白内障以及放射性肿瘤。

生物因素：指一些病菌和细菌，经常接触病菌和细菌难免会患上疾病，比如动物皮毛上有炭疽杆菌，其他的比如脑炎病毒，感冒病毒等。

劳动过程中的有害因素：很多单位都不能合理地安排作业者的休息和工作时间，长时间工作，容易导致工人猝死。再有工作强度过大、精神紧张、个别器官过度紧张、不良的姿势都属于劳动中的不良因素。

生产环境中的有害物质：生产环境中也有很多职业病的有害因素，比如自然环境因素，长期待在高温、有辐射的地方以及空气质量不好的地方，再有不合理的生产过程也会引起环境受到污染，引起一些职业病的有害因素出现。

这些危险因素都会损坏人的健康，所以要尽量避免这样的情况出现。个人从事相关工作一定要做好相关的防护，工作单位要合理地安排人员工作和休息的时间。

二、职业相关的健康损害种类

职业相关的健康损害，按照轻重程度分为四类：工伤、早期健康损害、职业有关疾病、职业病。工伤和早期健康损害，一般被称为职业性病损；职业有关疾病、职业病被称为职业性疾患。

工伤指劳动者在从事职业活动或者与职业活动有关的活动时所遭受的不良因素的伤害和职业病伤害；早期健康损害指从事某种工作后，导致身体健康出现问题，如出现肺功能下降、动脉粥样硬化加剧等。

工作有关疾病是由职业性有害因素所致的一类职业性疾患，常见的工作有关疾病：个人的精神焦虑、矿工的消化性溃疡、建筑工的腰酸背痛；职业病指职业性有害因素作用于人体的强度与时间超过一定限度时，人体不能代偿其所造成的功能性或器质性病理改变，从而出现相应的临床征象，影响劳动能力。一般来说，凡是符合法律规定的疾病才能称为职业病。

2013年12月23日，国家卫生计生委、人力资源社会保障部、安全监管总局、全国总工会联合印发了《职业病分类和目录》，其中规定了十大类职业病：职业性尘肺病及其他呼吸系统疾病、职业性皮肤病、职业性眼病、职业性耳鼻喉口腔疾病、职业性化学中毒、物理因素所致职业病、职业性放射性疾病、职业性传染病、职业性肿瘤和其他职业病。

三、劳动过程中的保护方法和技能

要确保劳动过程的安全，就要做到不违章指挥、不违章作业、不违反劳动纪律，并且要掌握劳动过程中的安全卫生知识和技能，诸如：生产工艺过程；各种设备、设施性能；作业的危险区域和安全技术；岗位作业注意事项；生产中使用的有毒有害原材料及可能散发的有毒有害物质的安全防护基础知识；危险环境中的安全知识；现场紧急救护方法及措施；个体防护用品的正确使用；排除设备故障的技能和采用的方法等。同时，逐步了解科学管理的知识和方法，使劳动安全知识和技能与安全生产管理融为一体，确保人身安全。

最有效的劳动安全保护方法是实施安全技术：在机械、机床、提升设备、机车、拖拉机、农业机械及电气设备等转动部分安装防护装置；在吊台、廊道上安设的防护装置及各种快速自动开关等；在电刨、电锯、砂轮、剪床、冲床及锻压机器上加装防护装置；有碎片、屑末、液体飞出及有裸露导电体等处所安设的防护装置。

改善工作环境也是一种很好的保护措施：为保持空气清洁或使温湿度合乎劳动保护要求而安设的通风换气装置；为采用合理的自然通风和改善自然采光而开设天窗和侧窗；增设窗子的启闭和清洁擦拭装置；增强或合理安装车间、通道及厂院的人工照明。

在未成年人的劳动保护措施中，主要包括：不得安排未成年人从事矿山井下、有毒有害、国家规定的第四级体力劳动强度的劳动和其他禁忌从事的劳动

四、职业安全与健康保护的相关法律法规

了解职业病的分类之外，我们还可以通过《中华人民共和国劳动法》《中华人民共和国职业病防治法》了解更多与职业病防护相关的法律规定。

为了预防、控制和消除职业病危害，防治职业病，保护劳动者健康及其相关权益，促进经济社会发展，我国制定并实施了《中华人民共和国职业病防治法》。其中规定，用人单位要依照法律法规的要求，严格遵守国家职业卫生标准，落实职业病预防措施，从源头上控制和消除职业病危害。

劳动者不仅有获得职业健康检查、职业病诊疗、康复等职业病防

治服务的权利，还可以要求用人单位提供符合防治职业病要求的职业病防护设施和个人使用的职业病防护用品，改善工作条件。

第六节　维护网络安全

2018 年 4 月，习近平总书记在全国网络安全和信息化工作会议上指出："没有网络安全就没有国家安全，就没有经济社会稳定运行，广大人民群众利益也难以得到保障。""要树立正确的网络安全观，加强信息基础设施网络安全防护，加强网络安全信息统筹机制、手段、平台建设，加强网络安全事件应急指挥能力建设，积极发展网络安全产业，做到关口前移，防患于未然。要落实关键信息基础设施防护责任，行业、企业作为关键信息基础设施运营者承担主体防护责任，主管部门履行好监管责任。要依法严厉打击网络黑客、电信网络诈骗、侵犯公民个人隐私等违法犯罪行为，切断网络犯罪利益链条，持续形成高压态势，维护人民群众合法权益。要深入开展网络安全知识技能宣传普及，提高广大人民群众网络安全意识和防护技能。"

随着互联网的快速普及，给我们的学习、生活带来了极大的方便，但是一些网络安全问题也越来越突出，如，网络诈骗、网络色情、网络贩枪、散播谣言等，给我们的学习、生活带来极大影响。国家安全、网络安全，人人有责。维护网络安全，我们应该如何做呢？

我们需要学习一些网络信息安全相关知识，提高自己的信息辨别意识和能力。

网络中的信息多种多样，想要更好地畅游网络世界，就要增强对网络中各类信息的辨别判断能力，尤其是要提高对各种网络电信诈骗的防范能力。当我们在互联网上收到陌生人发来的信息时，首先要做到不轻信，而后便要对这一信息进行分析和辨别。如果涉及转账、汇款之类的与财产相关的内容，我们更要提起警觉，在没搞清楚对方身份之前，一定不能按照对方的要求转账或汇款。

在提高分析、识别网络信息能力的同时，我们还要提高自己判断信息风险和危害的能力，尤其要对网络诈骗的风险、危害及手法，有一个完善的认知。

网络电信诈骗是指以非法占有为目的，利用互联网平台，通过虚构事实或者隐瞒真相的方法，骗取数额较大的公私财物的行为。相比传统的诈骗行为，网络电信诈骗行为更加隐蔽，行骗手法日新月异，我们更难识破。

骗子常用的手法：以网络交友为名或假冒我们的亲友、熟人，获得我们的信任后，向我们要钱、借钱；开设虚假购物平台，我们支付后不发货；发布虚假招聘信息，以招募网络兼职刷单为名，收取入会费、培训费等。要避免被骗，我们需要做到以下几点：

在互联网平台中进行社交时，如果对方提出索要财物的要求，不论对方找了什么样的借口，我们都要坚决拒绝。如果我们的亲人、朋友、同学、同事突然在微信等社交平台上跟我们要钱、借钱，一定要通过电话、邮件等方式再次确认。如果有条件最好当面确认，再进行转账汇款。对于多年不见的同学、同事，我们对他们的近况了解甚少，最好不要借钱给他们。

网上购物要到正规的电商平台如天猫、京东等，不要轻信私人购物网站或微信朋友圈中的购物信息。线上支付时，尽量通过微信、支付宝第三方支付平台交易，不要直接转账。

绝大部分声称要缴纳入会费、培训费，之后可以获得高薪资的招聘都是诈骗。如果在招聘软件或网站上发现这种招聘广告，我们应该马上向平台举报，千万不要相信。

我们要警惕网贷陷阱。现在很多人都有超前消费的习惯，过分高估了自己的自制力和还款能力，结果越欠越多。有些人为了偿还欠款、维持超期消费习惯，落入了非法网络贷款的陷阱中，损失了大量钱财，甚至为此付出生命的代价。

　　网络的虚拟性使得我们无法准确辨别其中每一个人的身份，这会为我们的网络社交活动带来一些风险。那些不怀好意的人会利用伪造的虚拟身份，来骗取钱财，甚至会危害我们的生命，这就要求我们时刻保持警惕，并且保护好个人信息。

　　个人信息是指以电子或者其他方式记录的能够单独或者与其他信息结合识别我们个人身份的各种信息，包括但不限于我们的姓名、出生日期、身份证件号码、个人生物识别信息、住址、通信通讯联系方式、通信记录和内容、账号密码、财产信息、征信信息、行踪轨迹、住宿信息、健康生理信息、交易信息等。个人隐私一旦泄露，很容易被不法分子利用，向我们发布大量广告，对我们进行恶意骚扰或电信诈骗。因此，在网络中我们一定要注重保护个人信息的安全。

　　除了掌握这些网络与信息安全知识外，我们还要自觉遵守国家网络安全相关法律法规，不制造、不传播不恰当的网络信息，自觉维护社会及国家安全。

一、自觉遵守国家网络安全相关法律法规

　　网络不是法外之地，我们要自觉遵守宪法和《中华人民共和国国家安全法》《中华人民共和国网络安全法》《中华人民共和国信息保护法》等法律法规，坚持依法上网，拒绝制作传播危害国家安全、破坏社会稳定、扰乱经济社会秩序、破坏民族团结等的违法信息，培育积极健康、向上向善的网络文化。

　　《中华人民共和国网络安全法》第四章对网络信息安全的各方面

内容做出了详细规定，其中第四十四条规定，任何个人和组织不得窃取或者以其他非法方式获取个人信息，不得非法出售或者非法向他人提供个人信息；第四十六条规定，任何个人和组织应当对其使用网络的行为负责，不得设立用于实施诈骗，传授犯罪方法，制作或者销售违禁物品、管制物品等违法犯罪活动的网站、通讯群组，不得利用网络发布涉及实施诈骗，制作或者销售违禁物品、管制物品以及其他违法犯罪活动的信息。

我们要从现在做起、从自身做起，自觉遵守国家网络安全相关的法律法规内容，不做危害网络安全的事情，不做利用网络危害国家安全、荣誉和利益的事。同时，做好身边网络安全防护、手机安全防护。

二、不制造、不传播不恰当的网络信息

每个人都有言论自由，在网络上发表自己对热点事件的见解并没有错，但一些人由于获取的信息过于片面，或是个人观点过于极端，常会对社会热点事件进行歪曲，这样的信息经过层层传播后，造成了极坏的影响。所以，我们一定要理性上网、理性表达，不制造和传播一些过激言论。

我们要文明上网，不信谣、不传谣。网络谣言是指通过微博、国内外网站、网络论坛、社交网站、聊天软件等网络介质，传播没有事实依据，带有攻击性、目的性的话语。网络谣言主要涉及突发事件、公共卫生领域、食品药品安全领域、知名人物等。这些谣言的信息来源比较模糊，内容具有诱导性，且传播速度极快。

一些人面对一些网络信息，在未进行核实的情况下，在网络上随

意发布、转发相关不实信息，更有甚者，为博眼球、蹭热点，通过张冠李戴、移花接木等方式拼接捏造事实，传播谣言，误导公众。这些行为扰乱了网络传播秩序，给当事人带来巨大心理压力，妨害了他人的合法权益，影响了社会的安全和稳定。

造谣传谣是会受到法律处罚的。民事责任方面，散布谣言侵犯公民个人名誉权、法人或其他组织的商业信誉的，要承担停止侵害、恢复名誉、消除影响、赔礼道歉及赔偿损失的法律责任；行政责任方面，散播谣言，扰乱公共秩序的，处 5 日以上 10 日以下拘留，可以并处 500 元以下罚款；刑事责任方面，编造谣言严重扰乱社会秩序的，处 3 年以下有期徒刑、拘役或者管制，造成严重后果的，处 3 年以上 7 年以下有期徒刑。

不信谣、不传谣，是阻断网络谣言的最好办法。所以，我们要提高信息甄别能力，重要信息要以官方发布的权威信息为准，未经证实的消息不转发、不扩散，拒绝网络暴力和人肉搜索，尊重他人隐私，不越法律红线。

三、树立维护网络安全的责任意识

我们要牢固树立网络安全的责任意识，不利用互联网去散布那些涉赌、涉毒、涉暴的有害信息，也不能利用互联网进行反动、色情、迷信等宣传活动，更不能轻信境外不法分子的蛊惑，窃取影响国家安全的保密信息。如果我们利用互联网从事上述违法活动，我们就将受到相应法律法规的严惩。

高中生应该自觉做网络安全的宣传员和守卫者，共同抵制各类恐

怖、暴力、诈骗、色情等有害信息的扩散传播，积极营造健康清朗的
网络环境，携手推进网络空间的安全发展和可持续发展。